AF408016

بصائر ومصائر

عبده الأسمري

بصائر ومصائر

إصدارات دائرة الثقافة، حكومة الشارقة 2022م

الناشر: دائرة الثقافة ـ حكومة الشارقة ـ الإمارات العربية المتحدة

الهاتف: 5123333 6 971+

البرَّاق: 5123303 6 971+

الموقع الإليكتروني: www.sdc.gov.ae

البريد الإليكتروني: sdc@sdc.gov.ae

تصميم الغلاف: ضياء الدين الدوش

306

ا ع . ب   الأسمري، عبده

بصائر ومصائر / عبده الأسمري.ـالشارقة، الإمارات العربية المتحدة : دائرة الثقافة، 2022.

180ص؛ 14 x 21سم.

1. الثقافة

2. المثقفون

3. المعرفة

4. الأدب

أ. العنوان

ISBN: 978-9948826-01-9

مقدمة

العلاقة بين التمني والانتماء رابطة وجودية.. تتعلَّق بكينونة الإنسان وكيان البشر.. في ظل تباعد الشعور بين التوقّع والواقع.. وعندما يرتبط الأمر بالثقافة فإن هذه الحالة مرحلة من اندماج السلوك بالمسلك.. ودمج الإحساس بالاستئناس في ترابط يمثِّل دهرين من التعايش أحدهما للثبات والآخر للتحول.

الإنسان بطبيعته الماكثة في عمق الفطرة والثاوية في أصل البراءة؛ والتي لم تلوّثها شوائب محطات العمر في مراحل حياتية لاحقة، يميل إلى الثقافة كعنصر من عناصر التعلّم والتبصّر والتفكّر والتدبّر، وهي سمات إنسانية تبدأ مع الفرد منذ لحظات التمييز الأولى، ومع إضاءات التحفيز المثلى، والتي تتجلَّى بوادرها منذ تعلّمه «حروف الهجاء» واستعلامه عن «وصوف» الكتابة..

تنمو بصائر الإنسان وتعلو وتتسامى؛ متى ما كان صديقاً للكتاب ورفيقاً للقلم وقريناً للقراءة، فهذه أدوات مثالية لصياغة مشروع «المثقف» وينابيع باذخة لسقاية فكر «الأديب» ومن ذلك تبدأ أولى خطوات «الدرب الجميل» الموصل إلى بر الإمتاع وشاطئ الإبداع.

حينما تكبر أبعاد البصائر نحو آفاق الثقافة؛ تأتي الزوايا منفرجة نحو الابتكار والتطوير والتجديد، وحادة أمام الانغلاق والتجمّد والجمود، ويكون الإنسان على مواعيد مكلّلة بالابتهاج؛ مجلّلة بالإنتاج.. زاخرة المعاني فاخرة الأماني..

تتكامل بصائر الثقافة مع مصائر المعرفة، في تضامن يصنعه الإنسان الواعي المثقف، الذي اتخذ من الإبحار في عوالم الأدب والتنقيب في خزائن الوعي سبيلاً إلى تحقيق المراد، وتوظيف السداد في رسم خارطة المستقبل بخطوط واضحة «المعالم» في متون «الأثر» وشؤون «التأثير».

عبده الأسمري

في حب الله

وقفت وسأظل عند قول الله الحق عز وجل: «وما خلقت الجن والإنس إلا ليعبدون، ما أريد منهم من رزق وما أريد أن يطعمون، إن الله هو الرزاق ذو القوة المتين» وجدت نفسي أمام «توجيه عظيم»، أسقط دموعي وأخضع نفسي وأهجع روحي.. كيف لنا أن نقف أمام هذا الحنان الرباني والإعجاز الإلهي، في «تبيان» قولي و«بيان» لفظي..؟ تدبرت الآية فتملكتني الحيرة أمام هذا «الخطاب»، وأوقفتني «البصيرة» حول ذلك «الجواب»..

ثلاث آيات شكلت «دهراً» للثبات و«ثَمَناً» للإنصات.. بينات متعاقبات؛ اختصر فيها العزيز الحكيم اتجاهات «الخلق» وأبعاد «الهدف» وامتداد «العزة» وعتاد «الرزق» وسداد «الحكمة»..

مكثت بين ثنايا «الثناء» وتوقفت وسط عطايا «العطاء»، وانبهرت أمام سجايا «السخاء» فوجدت أننا خلق من عباد الله في «دائرة العجز البشري» وتحت مدار «الإعجاز الإلهي»..

صممت ألا أبرح هذه الآيات حتى أبلغ مجمع «النتائج»، أو

أمضي حقباً إلى «التدبر» حتى خرجت بمفهوم عظيم وهو «حب الله» وفق أصوله وأسسه ومعانيه،

فأمضيت وقتاً أقلب صفحات القرآن الكريم.. ظللت ثاوياً في عجائب النعم التي تحيط بنا.. وبقيت ماكثاً بين مشارب البشائر التي خصصت لنا، فحفتني السكينة وغشيتني الطمأنينة واحتوتني الروحانية، حينها أخلصت بخيالي إلى عمق الذل للعزيز، وتوجهت بفكري إلى أفق الضعف للقوي..

رفعت بصري إلى السماء «عاجزا» مشفوعا بروح استكانت بين الخضوع لرب ذي فضل، والهجوع لقول فصل، ونفس استلهمت اليقين بمضامين «الحياة» والحنين إلى رياحين «الفطرة»..

كيف نحب الله تعالى..؟ وكيف نعيش هذا الحب من أعماق الفؤاد إلى آفاق المراد، بدءاً من النطق الأول باسمه عز وجل؛ مروراً بتشرب كل معاني «الرعاية» ومعالم «العناية» وغنائم «الرحمة» ومغانم «اللطف»، وانتهاء بالانتقال مرة أخرى إلى ذمة الله بعد طريق قويم، بدأه المعطي بالخلق من العدم، وأنهاه الدائم بالموت دون استثناء.

حب الله؛ الفعل الشفيع والمقام الرفيع، الذي يجعل العيش نعمة أولى، والرضا مهمة مثلى، والتقوى همة أسمى، في سبيل الطاعة، وفي طريق العبادة، تحت راية التوحيد، وفي مسار التقوى وعلى درب الحسنى..

حب الله؛ السمو الإنساني والرابط الإيماني، الذي يقوّم النفس

ويبهج الروح ويعزز العقل، ويدعم القلب ويزرع في الوجدان بذور السعادة، ويجني في العمر مصائر البركة، وينمي في الخواطر مضامين الفرح، ويرسم في الدروب معالم الإنجاز.

عندما ينتشر الحب في الله بين الناس، تسمو القيم الإنسانية، وتعلو الهمم البشرية وترتقي الأنفس، إلى أعلى مستويات الصفاء، وأسمى مراتب النقاء، حينها تتعتق الأرواح بعبير الوفاء، وتنعتق الشخصيات من شوائب الحسد.

حب الله امتثال لصناعة الصلاح، وجمال لصياغة الفلاح، فمن هذا الحب نستمد طاقة العون، لنيل الأمنيات، ونتزود منه ببطاقة العبور نحو الإنجازات، في سبل عيش كريم وطرق تعايش قويم، يجعلنا في سلوك العبودية الخالصة لوجهه عز وجل، وفي مسلك الوجودية المنبثقة من إعجازه جل شأنه.

في حب الله تعالى تتجلى مشاهد الاطمئنان، وتنجلي مكامن الخوف، وتنتصر شواهد الأمان وتتأصل قواعد الأمن، وتعلو قيمة الإنسان وترتفع أرصدة المشاعر، وتمتلئ خزينة الشعور، وتكتمل مقومات الرضا وتتكامل مكونات الفوز.

في حب الله يعجز اللسان عن الوصف، ويتوقف التعبير عن التوصيف، ويتعجب العقل من التفكير.. لأن المعنى عظيم والمشهد أعظم.. فنحن أمام مفهوم لا يعلم صداه إلا من قدّره، ولا يقيس مداه إلا من أوجده، وكي نعيش الحب الفطري العميق؛ المتعمق المولود معنا، الموجود فينا، القائم في أرواحنا، المقيم في أنفسنا؛ علينا أن نتفاعل بكل جوارحنا، وأن نتشرب بكل خلايانا هذا النعيم، الذي يجعلنا في

حالة أبدية ودائمة ومستديمة من الطهر والشرف والفخر والمثالية، التي لا تنالها الإنسانية إلا بحب الله تعالى، والعيش تحت ظل مغفرته وظلال رحمته.

حالة أبدية ودائمة ومستديمة من الطهر والشرف والفخر والمثالية، التي لا تنالها الإنسانية إلا بحب الله تعالى، والعيش تحت ظل مغفرته وظلال رحمته.

المعارف.. بين التقويم والإهمال

في ميادين الحياة وعبر العصور، كانت المعرفة ولا تزال؛ الدليل الأمثل والسبيل الأكمل، للتفريق بين العلم والجهل وبين النجاح والفشل، واليقين الأشمل، الذي تبنى به صروح الحضارات، والميزان الذي يرجح كفة التنافس، والمفهوم الذي يميز التقدم ويبيد التأخر.

توالت الحقب الزمنية وكانت العصور الإسلامية الأولى أنموذجاً في تقدير المعرفة وفي تسطير الثقافة، من خلال التقييم العلني لصاحب المعارف في مجالس القوم وفي مواطن القرار، وفي منابع الشورى، حتى امتلأت الأسواق والمكتبات والمنازل والحوانيت بالكتب، وظهرت التنافسية المعرفية في أوج نهضتها وعزها، فجادت بلاد المسلمين بعباقرة الطب والفيزياء والفلك والرياضيات والنحو والكيمياء والأحياء، وظهر في جانب متواز؛ فطاحل الشعر وحكماء العصر وجهابذة الحكمة.

في ذلك التوقيت غرق الغرب في حروب الممالك، متباهين بأمجاد الرومان والصليبيين الزائلة، فغابت عنهم المعارف، وحجبت عنهم المشارف، الأمر الذي جعلهم في تأخر محتوم، دفعهم إلى توجيه

عقدهم الدفينة نحو المعرفة الإسلامية في أجندات استعمار، كانت تركز على إبادة العلوم ومهاجمة العقول قبل المعاقل، فانتقموا من الثقافة، وسرقوا التراث العربي بثمن المعارك، ولكن للحقيقة وجه ثابت أمام التاريخ، جعل التراث المعرفي الإسلامي أساسا للتقدم والتحضر، الذي تتباهى به أوروبا في زيف الامتلاك؛ بينما الأصول تتجه إلى المشرق وإلى بلاد المسلمين، بوابة العلم الأولى، وقبلة الابتكار المثلى.. وإن قامت في بلاد الغربيين حضارة فإنها على أعتاب فكر إسلامي أصيل، كان نتاجه الاختراع والإبداع، وتشهد به الوقائع وتنطق به الحقائق.

المعارف منظومة تعكس فطرة الإنسان، وميله نحو العلم واتجاهه حيث التعلم وارتباط النفس بحب الاستطلاع، وترابط العقل مع سعة الاطلاع، لذا كانت المفهوم المقترن بكل إنتاج يصنع للشخصية البشرية قوامها وقيمتها ومقامها أمام بصائر البحث وصولاً إلى مصائر الاستنتاج.

ارتبطت المعارف بنظم تقييم مختلفة في ظل موضوعية واجبة وذاتية دخيلة، وسط اتجاهين متباعدين ومتعاكسين، في حضور مفترض للشفافية والنزاهة والأمانة، يصنع من المعرفة اسماً جامعاً، لكل تكريم وتقدير وتتويج، أو تدخل مريب للمحسوبية والسذاجة والرعونة، يضيع الجهد ويلغي المنتج ويصادر القيمة، فتحل الوساطات وتسيطر المظالم، لتشوه المنطق في ظاهرة بائسة تخترق أسوار السواء بأوهام السوء.

المعارف قيمة تصنعها دوافع الإنسان للاكتشاف، وبحثه وراء

الجديد وملاحقته لوميض التجديد في المنافع التي تصنع للبشرية أبعاداً من السداد في خدمة الناس، وفي مساعدتهم وإعانتهم في جوانب التزود بالنفع، والتجرد من الجهل لصناعة أمنيات متجددة في دروب الحياة، لأجيال قادمة، عليها أن تعي وتقدر وتحترم المعرفة، وكل ما يتعلق بها من اتجاهات علمية وبحثية وتحليلية وتفصيلية.

يعاني بعض أصحاب المعارف بشتى أنواعها وأبعادها واتجاهاتها وتفاصيلها، من تعتيم تتسبب فيه ثقافة رجعية، أو تتورط فيه سخافة تسيء للمنهج البشري، القائم على احترام الأفكار النيرة، وتقدير العقول المستنيرة، وصولاً إلى عدل حتمي يعطي للمعرفة قيمتها الحقيقية، وقامتها الواقعية، واستقامتها في عوالم الاعتراف، ومعالم الإنصاف.

ظهرت المعارف كنجوم أضاءت سماء الريادة، وكورود نثرت عبير السعادة، لتؤسس أركان التحضر وتؤصل مفاهيم التطور وتضيء إشعاع المجد، في متون الحضارة وتؤكد إبداع الجد في شؤون الجدارة.

تستلهم المجتمعات الراقية والمتقدمة والمتحضرة، أبعاد وأصداء مراحلها الانتقالية من واقع قوة المعرفة، التي تبدد كل تحديات التغيير المرتبة بالتضليل، فيكون أفراد هذه المجموعات الإنسانية، على قدر من المسؤولية الذاتية، التي تحتم أن يتم وضع الأمور في نصابها، ومواجهة الأنانية وإغلاق بابها، لتوظيف قيم التقييم الحقيقي لكل شخصية معرفية، قدمت العطاءات بواقع الإنتاج، وأن يكون المنتمون

لهذه الجماعات المتسلحة بالفكر والموشحة بالتفكير؛ أصحاب رأي ومالكي قرار وصناع منهج.

ستبقى المعارف بين همة التقييم، التي ينجح فيها الغانمون بالخير، وغمة التعتيم التي يفشل وسطها المتشبثون بالشر، فتتجلى قيم التأييد وتسقط خدع التحييد، لذا فإنه من الأولى والأجدى التمسك بأصول المعرفة، والمضي بها من منصة الحاضر نحو قمة المستقبل، ومن عمق الواجب إلى أفق الوجوب، مع الاعتماد على البدايات والاستناد إلى المنطلقات.

المعرفة.. بين التأصيل والتضليل

المعرفة أهم مغنم بشري، يصل إليه الإنسان في حياته، ومنها تنطلق كل معاني الفهم والاستيعاب والعيش مع كل اتجاهات المؤثرات والاستجابات.

ومتى ما عرف الشخص فطرته ونكص إليها، وتعرف إلى نفسه واستشرف ميوله، فإنه سيصل إلى توجيه بوصلة اهتمامه، وتحويل قبلة همته نحو الأهداف التي تناسب شخصيته، وإن لم يصل إلى المعرفة الصحيحة لذاته، فإن هويته ستضيع بين قياس مختلف، ما بين طاقته وقدراته ومستوى الواقع، فيرتمي في الضياع النفسي، وقد يصل إلى مرحلة الزعزعة الذاتية، التي تجعله شخصاً دون هدف.

في السنوات الأخيرة اختلط القابل بالمقابل، فهوت مفاهيم المعرفة إلى منحدر المصالح، ودوت صرخات الثقافة في قعر النسيان، فتحولت ساحة المهن ومساحة الاحتراف، إلى مسرح مفتوح بدون تذاكر، ومرتع مسموح دون اشتراط، فرأينا المهرج إعلاميّاً، والفارغ مثقفاً، والساذج مدرباً، فطغت غمة التسطيح ومظلمة المهنية وغادرت النزاهة ميادين الأصول، وتنحت الحيادية عن محافل المنطق.

احترام الأدباء وتقدير المثقفين وتبجيل الحكماء، مهمات سامية تعكس رقي المجتمعات، التي تحرص وتحمي صروح الاحتفاء بأصحاب القلم ومالكي الرأي وأبطال الكلمة، وتناضل في إبعاد الفضوليين والسفهاء عن أنوار المعارف، حتى لا يطمسوها بظلالهم الغريبة، ويشوهوها بتطفلهم الأغرب، فلا بد أن تكون تلك المواقع محمية من هجمات الجهلاء.

المعرفة هوية يكسبها صاحب العلم، ويملكها عاشق التعلم، فينتمي إليها ويسكن في قلبها النابض بالبحث والتحليل والحوار والنقاش والتجديد والابتكار. وهي هواية يرتبط بها مالك الفكر، وينتمي إليها رفيق التدبر، وصولاً إلى إشباع الطموح واتباع الوضوح في منهجية التفكير، واحترافية التدبير، في حياة تتحول فيها المعارف إلى مصارف مستديمة ومفتوحة الأرصدة، للتزود من خزائنها المشبعة بالمنافع والمتشبعة بالفوائد.

ما بين مشارب المعرفة ومآرب الثقافة؛ وسائل فكرية، تعتمد على الحق وتتعامد على الصدق، في سبر أغوار البحوث وبحث أسرار العلوم، للمضي نحو بناء صروح المعاني في الابتكار، وتوظيف طموح التفاني في الاقتدار، لإعطاء البشرية نصوصاً جديدة من المعارف وإهداء الإنسانية فصولاً مديدة من المشارف.

تأصيل المعرفة فعل أمر مبني على المتون، والفاعل مرفوع بالهمة ومشفوع بالمهمة، وهو المثقف الذي يجب أن يكون المسؤول الأول عن حماية أسوار العلم، من غارات الفضول، وجباية إظهار التعلم من أبعاد الحلول، حتى نسمو بمشاريعنا المعرفية ونوصلها إلى قمم

الانفراد، فالدرب مشفوع بالتميز والتنافس مشروع للامتياز، كي نرفع استعدادنا أمام تحديات متوقعة ومفاجئة، تستوجب الصمود الثقافي أمام الجمود الرجعي، الذي تتبناه جماعات الجهل ومجمعات الجدل.

تعاني المعرفة من مد التضليل وجزر التأويل، الذي تقف وراءه الذاتية المفرطة والأنانية المقيتة، اللتان تتعاملان مع شؤون الأدب بتقمص المحاكاة وتزييف المشاركة، وهما في الحقيقة، خارج حسابات الانتساب.

بين التأصيل والتضليل تبقى المعرفة في قطبية، من جذب نحو المنطق، وشد إلى الفراغ، فالأسس والأصول العميقة تبني المعارف الأصيلة النبيلة القوية، ذات الأعمدة الراسية على أرضية السداد، أما محاولة الانتماء الفاشلة لميادين الثقافة والأدب من قبل الفارغين معرفياً والتائهين أدبياً والضائعين ثقافياً، فهي معادلة من طرف واحد، عندما تلفظ المعرفة كل الشوائب، وترفض كل الرواسب، التي تشوه وجه الحقائق وتغير رداء الدلائل.

المعرفة.. الاسم الجامع لكل موجهات التطور الفكري، واتجاهات التطوير البشري المنطلق من العقل المسجوع بالتجديد، والمدفوع بالتسديد في منطلقات الحوار والنقاش.

تأصيل المعرفة مهمة فكرية استراتيجية، لمنع هجمات التدخل ووقف اجتهادات التداخل من معسكرات الدخلاء على مملكة الإبداع، ليبقى الجهلاء في معزل والجهل في عزلة، لترتقي ثقافتنا وتعلو قيمنا، وتسمو أهدافنا بالمعارف وصولا إلى أعلى درجات الوعي وأبهى مشاهد الفكر.

الدجل المهني والجدل الذاتي!

تتغير الأحوال من حين إلى آخر، وتتبدل الأفعال بين سنين وأخرى، ويبقى الإنسان على أعتاب القادم والمكوث في الحاضر، والاتكاء على الماضي، ويعيش كل إنسان في حياته، مراحل علمية وعملية، وتبقى المهنة الكنز المعرفي الذي يجلب للشخص الرزق بأمر الله تعالى، وتنتج منه جواهر المواهب ولآلئ المهارات، لتوظيف المنافع والفوائد.

للمهن أخلاقيات حتى وإن جهلها البعض، خصوصا أن ثقافة احترام المهنية قد واجهت حربا ضروساً من الجاهلين والساذجين، الذين يريدون أن يمارسوا المهن وهي براء منهم؛ إما بشهادة مزيفة أو خبرة واهية أو واسطة بائسة.

تعاني بعض المهن ويعاني أبطالها من دخلاء، دخلوا إلى حدودها واستوطنوا مساحاتها، بحكم الفوضى التنظيمية أو العشوائية المقيتة، التي اختلط فيها الحابل بالنابل، بحكم تشابه الصفات واشتباه السلوك وتشارك الإفلاس، فتكاثر المجتمع الدخيل، واستعمر مواقع، واحتل منصات، دون انتماء.. وانبرى الجميع في تصدير الفلس، مما جعل

المهنيين يطلقون نداءات التحذير، ثم يعلنون لاءات الاستنكار، ويهددون بتأكيدات المغادرة..

أقرأ أحيانا تعريفات لأشخاص عن مهنهم وعن مهامهم، وأرى بعضهم يعتلون منصات الواسطة، ومنابر المصالح، بمسميات مضحكة، تدعو للغرابة بمجرد البحث عن تاريخ الشخص وسيرته وأعماله وخبرته، وحين تخاطبه أو تحاوره أو تناقشه في أمر، سيتملكك الاندهاش ويعلوك الاستغراب أمام حجم الفراغ الذهني، الذي يعاني منه، ومستوى الجهل المعرفي الذي يتصف به.

عندما تسلم بعض الأمور المهنية لغير المتخصصين فيها، يأتي الفشل بكل سوءاته ليرسم مشهد السقوط، في كل مناحي الأعمال، ويكتب حتمية القنوط أمام كل متابعي المجال، في مسائل لا يصح فيها إلا الصحيح.. حتى وإن توارى العديد من الجاهلين خلف أسوار البهرجة والشهرة، وإن حاول تغطية نقصه المهني بسخف لا يمرر إلا على فئة لا ترتقي للرأي، ولا تمثل المتذوق ولا ترتبط بالذوق.

للمهن أدوات وشروط وضوابط، تشكل القيمة الحقيقية للمهنة، ويراعى فيها الانتساب والانتماء والارتباط بها، بدءاً من مرحلة البدء بشرط الملاءمة، ثم الممارسة بواقع الاجتهاد، ثم الاحترافية بوقع السداد، وصولاً إلى الإجادة والجودة.

أسفت بتحول بعض المهن إلى مسرح للدجل، من خلال بيع الوهم، وترويج التوهم بواسطة فضوليين اقتحموا أسوارها وأقاموا فيها، ثم استغلوا اسم المهنة للمتاجرة بنشاطاتها ومهامها وتسويق منتجاتها على ضحايا وغافلين، إما لنقص الوعي أو انعدام الفهم.

تخلت بعض الجهات عن حماية حقوق المهن، التي تقع تحت إشرافها، وسمحت للجاهلين بأن يشوهوا الصورة الذهنية المرتبطة بالمنطق، والمعتمدة على الدراسة والخبرة والممارسة، حتى رأينا من يمتلك بطاقات مهنية، ويتجول بها في المؤتمرات والمعارض والمواقع، وهو لا يعرف أبجديات المهنة التي ذيلت اسمه.

هنالك تَعَدٍّ على مساحات المهن، واعتداء على ساحات الحرف، في وقت كانت فيه تلك المواقع مسيجة بحدود العقاب، ومحمية بخطوط الحساب، ولكن التساهل والتغافل والتجاهل، حولها إلى مسرح دجل، يرسم مشاهد التضليل لجني المال أو حصاد الشهرة، على حساب الاحترافية، مما جعل الاحتيالات مسهلة والمخرجات مخجلة.

هنالك أبعاد تأخذ الموضوع من سفاهة الدجل إلى متاهة الجدل، في ظل تجاوز بعض الفارغين، إلى التحدث باسم المهن، والنطق بمعنى النشاط، في منصات كان الأجدى بها، أن تدافع عن حقوق الملكية المهنية، التي انتهكت بفعل التحايل، فكانت الجناية مؤلمة على الهواية وأليمة على الهوية..

المهن خط أحمر يجب ألا يتم تجاوزه، حتى يتبين الشخص المهني من غير المهني، مع أهمية أن تجند الجهات المعنية والمنصات المعرفية طاقاتها، وتوظف جهودها، لوقف هذه التجاوزات، وإصدار قرارات لرصد كل معاني الاحتيال على المهن وإيقاع جميع العقوبات على المتورطين، لوقف الدجل المهني، الذي صنع لدينا توهان التعريف، ومنع الجدل الذاتي، الذي أوجد بيننا هذيان التوصيف، لتسمية الشخصيات بأسمائها ووضع الأمور في نصابها.

وكان الإنسان أكثر شيء جدلاً!

يميل الإنسان كثيراً إلى أطراف الجحود، ويأتي أولى معانيه بكل أسى نحو نعم الله تعالى، التي لا تعد ولا تحصى على العبد، ولكنه يتباهى بذاته الصغيرة ونفسه الضعيفة أمام عظمة هذا الكون الفسيح، الذي جعل فيه الله ابن آدم مكرماً بعقله ومتوجاً بحريته، التي وهبها إياه الوهاب، فطغى وتجبر وتعالى وتكبر، وهو لا يعلم أنه لم يكن قبل شيئاً مذكوراً!

منذ أول جريمة بشرية، وقع فيها ابنا آدم؛ قابيل وهابيل، عندما قتل أحدهما الآخر بسبب قربان قرباه قرباناً إلى الله، وما اشتملت عليه القصة الأولى، التي وردت لترسل أول معنى في حياة البشر، وتبرز أكمل اتجاه في تعامل الإنسان، تسير الحياة وفق طبيعتها، ليتجلى بؤس الحسد ثم يعقبه ضعف الجسد ونهايته بالموت، ثم تأتي لغة الندم بسبب لعنة التعدي.. كل ذلك بات متوارثاً ولا يزال، وسيظل في قاموس الحياة.

«وكان الإنسان أكثر شيء جدلاً» عبارة قويمة وردت في آية عظيمة، لتكون عنواناً لمشاهد كثيرة في شؤون هذا المخلوق

وتداعيات تعامله مع المخلوقات الأخرى؛ ومع بني جنسه، ورغم ما ورد فيها من تفسير وتحليل فإنها تحمل جوانب عميقة، وتنطلق منها اتجاهات أعمق، تبقى في حيز الغيب وتظل في مجال الإعجاز.

الإنسان الذي عمر هذه الأرض وابتكر ما يساعده على العيش، واخترع ما ينقذه من المساوئ، وأنتج ما يمكنه من الإنجاز، يبقى في مسار محدد من الفكر، فأينما تخور قواه يخلد للراحة، وحينما تتوقف أحلامه يستسلم للإحباط، وحيثما تكون مصالحه يتجه للتفكير، ليبقى متأرجحاً بين بصائر الذات ومصائر الإثبات.

في نظام الحياة، يكثر الإنسان من الجدل في مسائل الحوارات، ويرفع الجدال في وسائل النقاشات، فتأتي النتائج بين رضا مطلوب، وقنوط مرفوض، فتتشكل معارك الصراع بين العقل والواقع، وتتولد مسالك النزاع بين الفعل والتوقع.

يأتي الإنسان ليكون العنصر الأول، الذي يبرز هوية المجتمع، ونماء الحضارة، ووجه الوطن وواجهة الماضي، واتجاه الحاضر وطريق المستقبل، فهو الذي يطور واقع الحياة، وينمي سبل العيش، وهو الذي ينتج المعادلة البشرية، التي تحافظ على اتزان التعايش، ويعضد الإنسانية التي تتقيد بميزان المنطق.

القطبية إلى حيث التشدد في إرسال المثيرات أو استقبالها في السلوك أو ردات الأفعال، أمر حتمي مرتبط بالإنسان، وتترتب عليه الأخطاء، التي تعد جزءاً لا يتجزأ من طبيعة الحياة، وطبع البشر، لذا تبقى الوسطية منطقة آمنة، تقل فيها درجات الاختلاف، وتسمو فيها معدلات الائتلاف، في ميادين التفاعل ومضامين المعاملات.

يمضي الإنسان في دروب العمر، في مراحل مختلفة، بدأها وليداً بفطرة ربانية بريئة، وتابعها منتقلاً إلى العيش حتمياً في محيط أسري، يعيش وسطه بين احتمالات الافتراق أو غيبيات الاتفاق، فيكون تحت توجيه يمتلك فيه بوصلة الترغيب والترهيب معاً، ليبدأ في أول استقلال ذاتي بمكوثه على مقاعد الدراسة، التي تشكل أولى بوادر الشخصية، في مهمة علمية، تبدأ فيها المعاني الأولية، لفصول الهوية والبوادر المعنوية لأصول الهواية، ليخطو معها الخطوة الأولى على سلم الاعتماد.

في صفحات التجارب وصحائف المآرب، تظهر مشارب الاستفادة من الدروس، التي سيظل فيها الإنسان صاحب تجربة وصانع خبرة، وتتكون مسارب الاستعاذة من المواجع، التي يبقى وسطها الشخص ضحية إساءة أو كبش فداء، مما يؤكد أن هذا المخلوق يسير في دوائر لا تتوقف من الاختبار، ومدارات لا تنتهي من الاعتبار.

تركز الدراسات والبحوث على الإنسان في وظائف الأعضاء، وفي تشريح الخلايا، وفي سلوكه ومسالكه، وفي كل ما ينتمي إليه، باعتباره أساس الحياة والكائن الأوحد، الذي كرّمه الله عز وجل بالعقل ليكون محور كل اتجاهات التعامل، وشتى أبعاد التكامل، وركن سير دورة المعيشة على كوكب الأرض، ويبقى العلم مقتصراً على معطيات ومعلومات ومشاهدات، ومختصراً في نتائج وتوصيات واختراعات، لذا فإن ما يشهده العالم من متغيرات؛ يقتضي الدخول الى أعماق النفس الإنسانية والتعمق في أغوار الشخصية البشرية، فهنالك العديد من الأسرار، التي تتركز منطلقات البحث عنها في القرآن الكريم، وتحتاج إلى متفكرين ومتدبرين وباحثين في الآيات

القرآنية، التي ركزت على الإنسان، ووضعت كل عناوين الابتكار والتجديد والاختراع والإبداع، فالبشرية تواقة دوماً إلى العديد من التفاصيل الغائبة في كيان وكينونة هذا المخلوق، الذي سيبقى أكثر شيء جدلاً!

الصناعة الفكرية والمناعة العقلية!

منذ أن بدأ الله عز وجل خلق هذا الكون.. والحياة في انتقال عبر محطات التغير والتغيير والتطور والتطوير.. وكان الإنسان وسيبقى محوراً رئيسيا لصناعة الجديد في هذه المحطات بواسطة العقل، الذي يستطيع من خلاله وضع الأسس والأصول والحلول للنقلة النوعية في كل اقتدار أو ابتكار.

تغيرت معالم عدة وتبدلت مجالات عديدة، وتطور التواصل وأصبح العالم مترابطاً، كأنه في غرفة اجتماع واحدة، حيث باتت أحداث القارات تأتيك وأنت في منزلك دون عناء البحث، ولكنها خاضعة لغثاء الإشاعات.. لذا ظلت مجريات الأمور في المستوى الظاهر واضحة، ولكن الخفايا تتخذ مسارين متناقضين؛ يعتمدان على الحقيقة والزيف.

ثمة تناقض بين تغير عجلة التنمية وتطور الآلات والمعدات والتقنيات؛ وبين بلاهة وبلادة طغت على الإنسان وسط تراجع مخيف لمعدلات الذكاء بين الأجيال الجديدة، كونها تعتمد بشكل كبير على الأمور الجاهزة في المحتوى والمنتج والتخطيط والأهداف.

قلّت وتراجعت معدلات القراءة الحقيقية، التي تغذي العقل بالمعارف وبات الغذاء الفكري محددا بالمعلومات المعلبة، التي لا تستحق التحليل، ولا تتقبل التدبير، كونها أعدت عبر البرمجة الآلية، التي بدأت تفكر أكثر من الإنسان.. لذا أحيطت العقول بسياج من التقييد فظلت الأفكار باهتة والمواهب مختزلة، والمهارات غائبة في أجيال معدلة تقنياً، خاضعة لسلطة التزييف، ومحرومة من ثروة التفكير، ومخطوفة إلى ثورة التيسير.

تبدلت أمور شتى، حيث غاب الحكماء عن مجالس القرار، وتغيب النبلاء عن منصات التكريم، وباتت الأمور تؤول إلى كفة بائسة، رجحت الحظ وخدمت العشوائية، لذا ظلت العقول في إجازة حتى إشعار آخر، في ظل سطوة الروتين وسلطة التكرار، والاتكاء على الجاهز، الذي سيظل في قالبه البائس، حتى تأتي رحمة التقنية، فيحل برنامج جديد، يتولى مهام وجدت لتلغي مهمة الإنسان الرئيسية في إعمار الأرض.

استيراد الأفكار أمر مؤلم، فالغرب الذين يتباهى بالابتكارات والاختراعات لم يكن كذلك لولا تدقيقه وتحليله لتلك المواريث الكبرى من العلوم والمعارف التي عثر عليها في كتب المسلمين، وفي منازلهم، أثناء الاحتلال أو الاستعمار والغزوات القديمة. لذا فإن الصناعة الفكرية مطلب، لكي نتحول إلى منابع للابتكار وتكون لنا الهوية الإبداعية، التي تجعلنا ننافس من خلال صنع الفارق ووضع الفرق في شتى مناحي التفوق.

وعلينا أن نرفع مستويات المناعة العقلية، لكل شرائح المجتمع،

حيال المؤثرات الموجهة لإلغاء الإبداع، أو الاعتماد على الأفكار الجاهزة، لأننا في منافسة شرسة في الوصول إلى الكينونة المعرفية، والتي سننالها من خلال فرض هويتنا الثقافية في كل اتجاهات العالم، سواء في مجال الأدب أو العلوم أو الآداب أو الطب أو الهندسة أو الفضاء أو الطيران وغيرها، ولقد حان الوقت، الذي يكون لدينا فيه فلاسفة وحكماء يرسمون مشهد الانفراد، لنكون وجهة مفضلة للبحوث وجهة جاذبة للدراسات.

نحتاج انتفاضة فكرية، تبدد غيوم الاستهلاك المعرفي، وتجدد همم الإنتاج الفكري، حتى نؤسس كتائب معرفية تمتلئ بقادة التنوير، وتكتظ بحرس التغيير، لرفع لواء الثقافة المتجددة، القائمة على إصدار الأفكار، واستصدار الابتكار، بعقول نيرة تفرض وجودها في ساحات التميز، بلغة واقعية من التفكير، بعيداً عن التنظير.

الفيديوهات والوسائط اليومية، يعاد تدويرها ملايين المرات عبر عقول تتابع وتتفرج فقط، والمعنى كامنٌ في أن نجدد، وأن نبتكر، وأن نرفع مستوى المناعة العقلية لدينا حتى لا نكون صيداً سهلاً في قبضة التكرار، بل نداً صعباً يقاوم كل فرضيات الاستماع، بصناعة فكرية خاصة، تنقلنا من الجمود إلى الحراك، حتى نجني ثمار الغد في مواسم الحصاد العالمي بواقع التفرد ووقع الإنجاز.

على الجهات المعنية أن تعيد النظر في خطط التفعيل الحقيقي للفكر؛ كلٌّ فيما يخصه.. وأن يتم إجراء دراسات عميقة لقياس مدى الأثر وصدى التأثير الذي صنعه فكرنا الخاص في السنوات الخمسة

الماضية، وهل كان لدينا تجديد؟ وما مستوى تأثرنا باستهلاك ما يصل وامتلاك ما يحصل؟ وهل تحولنا إلى مجتمع مستهلك؟!

الصناعة الفكرية تبدأ من الإنسان الذي يشكل العنوان الرئيس لأي نقلة نوعية، في الماضي والحاضر والمستقبل.

صناعة الإبداع.. الأسرار والاقتدار

الإنسان مجموعة من الملكات والقدرات والمواهب والمهارات، تظل في الجزء الخفي من النفس، وتبقى في الحيز المخفي من الروح؛ ما لم يتم اكتشافها، الأمر الذي يجعلها كنزاً غير مكتشف، فتأتي الصدفة ويحل الحظ وتتدخل المواقف وتولد الفرص، حتى تظهر هذه الجواهر المحجوزة بأمر الجمود، والمختفية بواقع الصدود، والمتأخرة بسبب التقاعس.

يأتي الإبداع عملية لاحقة، تعقب النجاح المقسوم على حظوظ متساوية أو متقاربة بين البشر، سواء في الأعمال أو الإنجازات أو الاختراعات أو المنافسات.. ليشكل قيمة إضافية تصنع الفارق وتوظف الفرق بين الناجحين، ليتم توزيع غنائم المراكز في وقت تطغى فيه السلطة الإبداعية في خط السباق الأخير.

يجهل الإنسان أسراراً كثيرة في خزائن ذاته، ويطلق يومياً آلاف الأساليب من التفكير نحو مسائل هامشية في الحياة؛ قد تدور ثلاثة أرباعها نحو الآخرين، وتتجه معظم أبعادها نحو الغير، في حين يتشكل التركيز كثيراً في مساحات المستقبل المقترنة بتوجس وخيفة

وحذر، تلغي وتطمس كل إمعان في سبر مكونات النفس واستخراج مكنونات الذات.

في سجلات المبدعين قصصٌ خفية ووقائع جلية، كانت أدوات أولى للركض المستديم في مضمار الإبداع، وسط ظروف تبدلت إلى وقود رحلة الثبات وعوائق تحولت إلى قوى، صنعت الإثبات في واقع لا يعترف إلا بالحقائق حتى وإن جاء الزيف الإنساني، ليصنع الوهم ويعلي الفاشلين، أو يسقط المتميزين.. المهم أن العبرة بالنتائج وإن غيبتها أكاذيب الواهمين، أو ألاعيب المتوهمين.

لم تقف الإعاقة حائلاً أمام صناعة الإنجاز، لمبدعين كانوا مثار دهشة جعلت الأصحاء يتوارون خلف حواجز الخجل.. ولم تمنع الأزمات المسكونين بالهمم من قلب طاولة المشكلات، وصياغة الغد بتفاصيل جديدة؛ عنوانُها الطموح.

عندما يجهل الإنسان أسرار ذاته وقوى نفسه، فإنه يتحول إلى كائن خامل يعيش في قلب الاستهلاك ويقبع في قالب المصالح، لتطغى أنانيته على دافعيته، فيمضي قطار العمر وهو رقم هامشي، لا تقبله منازلة التنافس ولا تتقبله معادلة الحراك، فيظل في مستوى ثابت من التفكير ومن التأثير، لتتجاوزه الأجيال وتتعداه المراحل، وقد يأتي عليه وقت؛ فيدخل في متاهات الندم ويتوغل في سراديب التأنيب، على ضياع حياته في قبو الجهل.

يرتهن الكثير إلى الدراسة والشهادات العليا، ولكنهم يغفلون أن في النفس جزءاً لم يكتشف، ومجالاً لم يُستوعب، وهو تلك المواهب المدفونة في دهاليز الذات.. الخاضعة لسلطة التفكر وسلطنة

التدبر، وعلى الإنسان أن يتذكر قول الله تعالى: «وفي أنفسكم أفلا تبصرون»؛ ليعلم أن التبصر منهاج مطلوب، للغوص في أعماق الإنسان للاكتشاف المقترن بالإنجاز المنتظَر.

يجب التوازن بين التعليم والتعلم، والاقتران بين الدراسة والحرفية، للوصول إلى اكتمال الإبداع، فهنالك عقول تخطط خارج صندوق الشهادات، وبعض الأفكار الكبرى انطلقت من مواقف في الحياة، ومعظم الإنجازات انبثقت من سقطات استثمرت لتحويل الإحباط إلى تحدي صنع النجاح ثم التفوق.

بعض الأعمال الأدبية التي عانقت العالمية، ولدت من رحم المعاناة، وهنالك أدباء ومثقفون نالوا جوائز كبرى؛ كانوا في صغرهم عمالاً وكادحين وفقراء ومهمشين، ولكنهم حولوا التجارب إلى مشارب، أنتجت الرواية والقصة والشعر والنقد والتأليف، وعندما ستقر الحال بهم لم يغفلوا جانب العلم، بل استعانوا بالتميز في خدمة التعلم فنالوا الشهادات ومنحوا التقديرات.

معظم العلماء كانوا يسايرون أحلامهم صغاراً، ويرافقون آمالهم أطفالاً، فتفننوا في مواصلة دراساتهم ولكنهم كانوا في محفل آخر، وهو القراءة والبحث والاطلاع فلم يعتمدوا على التلقين والنظريات، ولكنهم برعوا في التحليل الذي كان ملكة خاصة تعتمر دواخلهم، فرسموا الإبداع في أبهى حلة، والإمتاع في أزهى مشهد.

عدد ممن نالوا المناصب كانوا مرافقين لمسؤولين ومراقبين لإنتاجات وخطط ودراسات، لم يتوقفوا في أماكنهم، ولم يقبعوا في نقطة المشاهدة، ولكنهم أطلقوا العنان لأمنياتهم، وانفلتوا من عقال

الروتين، واستسقوا الخبرات، وشاركوا بالأفكار، فاكتُشفت جوانب من إضاءات عقولهم كانت في جانب مظلم من النفس.

عدد من الحرفيين ومن المهنيين، كانوا مساعدين لأصحاب المهن الرئيسيين، ثم تمكنوا من استغلال موهبة التفكير، وتوظيف مهارة التطوير، فتجاوزوا مكان المهمة إلى رؤية القمة، فتفوقوا على معلميهم، وتحولوا من التلمذة المؤقتة إلى الأستاذية الدائمة.

صناعة الإبداع تنطلق من النفس، وتنبثق من الذات، متى ما تكاملت الأمنيات وتماثلت الطموحات، لتكوين هرم التأثير وتشكيل معاني الأثر.

الحياة بين التجارب والمآرب

في كل جزء في محطات الحياة مواقف ووقفات، كلها تمثل مكامن تجربة تتشكل في هيئة اعتبار أو اقتدار، تؤول بالإنسان إلى حيث قطبا العزيمة أو الهزيمة، فتأتي النتائج بين تجارب حتمية ومآرب ضمنية.

منذ الأيام الأولى التي بدأ فيها الإنسان عاقلاً لما يدور حوله متعقلاً لما يسير أمامه، تتشكل اتجاهات السلوك الأول في ميدان الحياة، ويتفاوت حينها مقدار الاستفادة من الأوضاع، وقدر الإفادة من المواضيع، في ضروريات للعيش وحتميات للتعايش.

مراحل الدراسة ومحافل الممارسة وفحوى النتيجة ومحتوى العبرة؛ جميعها أدوات تدفع الإنسان للخطو، إما بخطوات ثابتة ودؤوبة، أو مهزوزة ومتراجعة، ويظل الإنسان في ثبات بقوة الدوافع وإثبات بسطوة المنافع، ويقين حيث الإقدام، وأنين حين الانهزام.

النشأة خلطة أولى لتشكيل خرائط النجاح في خضم شخصية إنسانية، تقوى بالصبر وتتقوى بالجبر، وتنتصر بالبصائر وتنهزم بالخسائر، ليكون الإنسان وسط دوائر لا تتوقف من المواجهة، ومصائر لا تنتهي من المجابهة مع الظروف والعراقيل والعوائق،

التي ترفع مستويات الانتصار وتعلي معدلات الاقتدار في واجهات العمر ومواجهات البشر.

بعد التنشئة يبدأ محك الصراع مع المواقف الأولى، ومحك النزاع مع الوقفات المثلى، التي تجعل الإنسان في تفاعل مع التفكير، وتساؤل أمام التدبير، فيأتي العقل ليكون سيد الموقف، ويحضر السلوك ليبقى سديد الفعل، في فروق تتباين وفق كفاءة الفكر، ومفارقات في ملاءة العبر.

الأمن النفسي والأمان الاجتماعي والاطمئنان الروحي، مآرب أساسية في نطاق الأمنيات، يتأمل الإنسان منها تجاوز حدّ الشبع، إلى آفاق أعلى من الامتلاء، الذي يملأ قلبه ويغمر وجدانه، حتى يستطيع العيش في أجواء آمنة، وبيئات خصبة، لجني مغانم السلام وحصد غنائم الوئام.

التجارب مشارب ينهل الإنسان منها، من العظة والعبرة، في شؤون من التدبر والتفكر، فيمضي بين دروب متباينة من الحذر والخطر والإقدام والإحجام، وسط مقادير تظل في علم الغيب وأقدار تبقى في عالم المشيئة الإلهية، التي تساير البشر في حيثيات وتداعيات غيبية.

يبدأ الإنسان خطواته الأولى في أي محطة حياتية، بجهل محتوم بالطبع، ونتاج مختوم بالعمل، بحكم طبيعة التعلم التي تعتمد على السؤال والتمرس والنتيجة، والتي تتجه إلى كفتي الصواب والخطأ.. حينها تتدخل المعطيات وتتداخل المؤشرات وصولاً إلى قياس الأداء في منظومة الحرص، ونظام التخطيط، اللذان يسيران بالشخص إلى حيث بر الأمان أو قعر الخسران.

يتناسى العديد من الأشخاص وجود المهارات، وامتلاك المواهب في داخل الإنسان، عبر تشغيل فكره وتفعيل تدبره، لنرى المعاني الحقيقية في التعاطي مع الواقع والتماهي مع الوقائع، للمضي قدما في مسارب من الاختبارات والخيارات، التي تفرز الشخصية الجادة في صناعة الأثر، أو الجامدة عن صياغة التأثير.

تحتفظ الذاكرة الإنسانية بالعديد من الحقائق، التي تتماثل أمام الإنسان في أي تذكر في موقف معين، أو تذكير في موضوع واقع، لتبدأ عمليات الاستذكار في ترتيب مواعيدها على أسوار العقل، فتتبارى في اللحظات الحاسمة سطوة النجاة، وتتعالى في المحطات المحسومة حظوة التناجي مع الله تعالى، في دعوات لتعديل الحال أو عبرات لبلوغ المصير، أو ابتهالات لنيل الأماني.

في كل المحطات العمرية ينظر الإنسان نحو الماضي بتوقف إجباري، وسط الرضا أو الندم، ويتوجه للحاضر بإمعان اختياري، بين العرفان أو النكران، ويصيغ المستقبل بإذعان بين التشوق والتفوق.

تصنع التجارب للإنسان أفقاً واسعاً من الهواية والدراية، وعمقاً أوسع من الحيطة والتوخي، فتكبر معه اعتبارات الحذر واشتراطات التحفظ، حتى يمضي في طرق شائكة مليئة بالمفاجآت، وتبقى الإقامة في متون هويتنا؛ وفي شؤون أصالتنا، أماناً من الأخطاء، وحرزاً من الخطايا.

فجائع الموت وودائع الحياة

تعددت الأسباب والموت واحد، وتمددت المسببات والرحيل قادم.. نتفاجأ يومياً بوفاة هنا ونهاية هناك، في تداعيات مختلفة وظروف متباينة.. ليبقى الأمر بين حيز الغيب وفاجعة الحتمية.

عندما نصعق بموت صديق أو وفاة عزيز، فإننا في مواجهة شرسة مع الأحزان وفي معركة محتدمة مع الآلام، حينها نشعر بفناء هذه الدنيا، وانتهاء تلك الحياة وسط عمر مقدر وأجل معلوم.

حكايات الموت كانت تمر بفصول متتالية، رصدتها ذاكرتنا وعايشتها عقولنا ونحن أطفالٌ عندما كان التوجس يغتال قلوبنا الغضة، ونحن نشاهد السيارات؛ التي لا تتحرك ليلاً في قرانا الهادئة إلا بثلاثة أسباب، أحدها مفرح وهو قدوم مسافر من مدينة بعيدة، واثنان محزنان؛ وهما: مريض داهمه الوجع فنقلته أسرته للمستشفى، أو نذير شؤم، يتنقل بين المنازل ويزلزل سكينة الأهالي بخبر موت لأحد الأشخاص في تلك القرى المتجاورة، والتي ترتبط نهاراً بعمومية الفلاح والكفاح والجيرة، وتتواصل ليلاً بطمأنينة السلام والنوم في أحضان الطبيعة.

مرت السنون واكتمل المشهد الأليم عندما اختطف الموت قريباً أو جاراً، ورأينا معابر الجنائز بين مسارب القرية، وامتلاء المقبرة الحجرية الوحيدة بالبشر والحجر، وظل صوت الفؤوس وهي تحفر التراب أول معالم الخوف المختلط بالدهشة، التي وزعناها أسئلة يومية، أمام آبائنا وكبرائنا، حتى وصلنا إلى خطوة اليقين، وهي أننا أمام نهايات لا تستثني أحداً، وأن أولئك الشيوخ الذين يغالبون دموعهم بالمقابر، ليسوا سوى رجال هزمتهم عبرات الفقد.. وأن تلك النسوة اللاتي يلتحفن السواد ويتوشحن الحداد، ما هنّ إلا محتسبات على عتبات الصبر، وأن الصبية الذين كانوا يداومون مع والدهم في مدرستنا، أصبحوا يأتون مع جارنا، حيث باتوا يتامى في قاموس الفقدان، وفي موازين الأبوة.. وعندما سمعنا عبارات العزاء حفظناها من مبدأ الاستقبال والإرسال، كجزء من ثقافة إلزامية؛ علمتنا أسبقية الموت وأحقية التعازي.

كبرنا واتسعت معنا مساحات الأوجاع تحت أقدار الموت.. وأصبحنا في عراك لا يحتمل مع فجائية الرحيل وحراك لا ينتهي من فجأة النهاية. وظللنا نحصي أعداد الراحلين رغماً عن النسيان، ونتذكر قصص الصابرين كوسائل لصناعة الأمان.

ارتبط الموت بدعواتنا وظلت الحياة في ادعاءاتنا، وبقت المواجع في استدعاءاتنا كثالوث تظهر فيه العبرة والغفلة واللوعة معاً، في مشاعر مختلطة من الاستذكار والنسيان والسلوان، فنظل متأرجحين بينها، حتى نصعق برحيل عزيز، فنرتمي في غيابات الغم، فيأتي جبرُ الله، فنجول في دروب الحياة باحثين عن أرواحنا؛ التي قد تتمرد علينا

بمجرد الغوص في اجترار الذاكرة، فنلجأ إلى ميادين التعايش بحثاً عن سلوان غائب.

حكايات الموت متشعبة، بعضها يسكننا كوقائع متجددة؛ تسكن تحت رماد نسيان مؤقت، لا يلبث أن يشتعل بمجرد تجدد المعاناة في استذكار إجباري أو اعتبار اختياري، أو قصة موت جديدة، أو حادثة فقد حديثة، نظل حينها في نزاع بين الموت والحياة وصراع بين السقوط والنجاة.

بين بصائر الدنيا والحياة ومصائر الآخرة والموت، يعيش الإنسان وسط مراحل من القدر، يعيش خلالها بين مبتدأ الأمنيات وخبر النهايات، يتشبث بجهاد العيش ومجاهدة التعايش، ويتباهى بعزة النفس واعتزاز الذات، ليسير في دروب العمر مائلاً نحو الدوافع ومتجهاً إلى المنافع.

الوديعة التي يبقيها الإنسان قبل مماته، يجني أرباحها في الآخرة، أثناء وحدته في قبره ووحشته في برزخه، ويجد أرصدتها في حسابه الأخرويّ، في صدقات وحسنات وطاعات أودعها بيقين بالغ، وسيجد ثوابها المؤكد في صحائف أعماله وصفحات أفعاله.

الحياة قصيرة والعمر رحلة بين خطوة بداية ونقطة وصول، والسبق في ذلك وفق الخواتيم، وتبقى للإنسان بعد رحيله ودائعُ في حياته، يبقيها في دعوات صادقة وفق آثار ناطقة، ومآثر لاحقة، من صفات سابقة، لذا فإن العبرة والاعتبار بما يخلد كل إنسان في دنياه، من أثر وتأثير، وبما يبقى من ذكر وتذكير في علمه وعمله.

هل يستويان مثلاً..؟

في القرآن الكريم تظهر التجارب وتوصف المآرب، في دروس وقصص تشكل دهرين؛ أحدهما للثبات والآخر للتحول، فما بين استقرار في التعاطي مع المعطيات وقرار في اتخاذ النتائج وتطوير ملكات النفس للاستزادة بالخير، تأتي المقارنات واضحة جلية، في كل المعاني المستوحاة من عمق هذا الكتاب الإعجازي العظيم، بلغة واضحة وبيقين مؤكد، وبإعجاز مذهل وإنجاز منفرد.

مفهوم المقارنة؛ أسلوب رباني رصد العديد من التداعيات والتجليات والنتائج بين سطوة الشر المؤقتة، وحظوة الحق الدائمة، وصولاً إلى توظيف مفهوم الصبر بتوجيه إلهي قويم، بكفاءته وأحقيته ونصره في موازين الصراع بين قوى تتشبث بالإثم وجماعات تتمسك بالأمل، متخذة من اليقين طوق نجاة ومن الثبات منطق حياة، لتأتي المصائر في صورة مذهلة من خسارة الطغيان وانتصار السلوان، في معادلة ربانية، كانت وستظل سائرة بين البشر، محكومة بقدر مكتوب ومشفوعة بعلم غيبي.

في كل نواحي الحياة تأتي المقارنات حاضرة في المعاملات،

وسط النتاج، سواء في سيرة العلم أو مسيرة العمل، ويكون الإنسان أداة هذا القياس وسط اختلاف المقارنة البشرية، التي قد تختل فيها الموازين، ما بين واسطة أو ذاتية أو أنانية أو عدول عن الحق، ولكن الحياة تسير والعمر يمضي، ليكون الزمن كفيلاً بكشف النتيجة الخاطئة المستندة على مقارنة مجحفة.. ويأتي الناس شهودَ عيان إن كانوا في محيط الشفافية، أو أعيانَ جحود إن ظلوا في دوائر الظلال.

وبأمثلة بسيطة؛ هل يستوي رجل أعمال نذر نفسه لخدمة وطنه، وأمضى عمره وهو يملأ أرصدة الخير بالحسنى، يواسي المكلوم ويعين المحتاج، ويساعد الفقير ويطعم الجائع، وآخرُ طارد فلاشات المناسبات، وأمضى حياته في جمع الأموال، وفي اقتناء السيارات الفارهة، وفي السفريات، ونسي حظّاً مما ذكر به.. وتناسى ما في ماله من حق معلوم للسائل والمحروم.

ولو قارنا بين القياديين، فالفرق كبير بين قيادي يعمل وفق ما يتقاضاه من مرتب شهري ومزايا سنوية، وبين آخر يعمل بمقتضى العطاء الوطني والسخاء الذاتي بعيداً عن المردود.

وهنالك فرق ومفارقة بين طبيب يتعامل مع المرضى إنسانيّاً، وعينه على ثواب التعامل وأجر العون بعيدا عن تفاصيل المال، وبين آخر يؤدي مهامه من باب الروتين، ويعالج مرضاه على سبيل الأجراء.

لا تتشكل المقارنة في حياتنا على مستوى الأفراد فحسب، بل تتعلق بالزمن والبشر أيضاً، في محيط المجتمع، فهل يستوي زمن مضى، كان فيه سكان المحيط الواحد في حي أو قرية؛ مثل أسرة

واحدة تحت عنوان الإيثار، وفي ظل التكافل ووسط وشائج التعاون، وزمنٌ حاليٌّ تحولت فيه الألفة الاجتماعية إلى أنفة شخصية، أدت إلى انفصال بائس بين شرائح البشر.. لتطغى الذاتية بوجهها المقيت، وتُكوّن الحاضر الأكبر، الذي صنع فجوات الحذر، وأوجد فراغات الحيطة، وقضى على التقارب، وكرس التباعد، لنرى طغيان التعامل الإلكتروني وطوفان التواصل التقني مهيمناً على طريقة التعايش، ومسيطراً على حقيقة العيش، وسط امتلاء ذاكرة المواقف بسوءات وإساءات، ظلت في دوائر التحذير، الذي قلل بشائر العطاءات وخفض إيجابية التوقعات.

تسطو المقارنة على ذاكرتنا المثقلة بتباين في المؤشرات والمعطيات، فالأيام مختلفة والنوايا متبدلة والأنفس متغيرة، بعد أن غادر الثبات وجه الحياة الجميل، الذي تعرض للتشويه بفعل الإنسان ذاته، الذي كان وسيظل المعيار الأول لصناعة الإثبات على صوابه أو خطئه، سواء في حق نفسه أو في حقوق الآخرين.. فالعواقب تأتي في قلب الأحاديث، والأحداث موثقة لا تتطلب البراهين، ولا تستدعي الدلائل، قد علم كل أناس مشربهم، وفهم كل قوم مأربهم.

في كل ميادين المقارنة، يظهر الفرق بدرجات مختلفة، على ميزان القياس السلوكي والمقياس الشخصي، فالحياة في تبدل قدري، والإنسان وحده من يصنع لنفسه استدامة تعكس شخصيته، حتى وإن تغير الحال وتبدل المصير، ليبقى كل فعل أو قول منتمياً لصاحبه، ومسجلاً له أو عليه، سواء على مستوى النفس أو مع الغير.

الحرية بين النظام والمنطق

الحرية مفهوم دارج في كل اتجاهات الحياة، ولكنه متدرج وسط مفاهيم البشر.. ويخضع لتقييم الذات وقيم المجتمع وقوامة التوجيه.

في أعماق أنفسنا تداهمنا الأسئلة وتواجهنا التساؤلات حول الحرية في منظومة عمر يتغير ويتبدل، ونظم حياة تتشكل وتتطور، ونبقى نحن من يرسم أبعاد التعامل وأضلاع المواجهة، مع تلك التشكيلات من التغيير، وسط بحثنا الدائم عن يقين في دواخلنا يحمينا من الندم ويكفينا حرج التأنيب.

منذ أن خلق الله عز وجل الأرض، كان النظام وجهاً أصيلاً للسلامة من الخطأ والوقاية من السوء، الذي تترتب عليه العقوبات والعواقب.. وبقي الإنسان في شد وجذب وثبات وتزعزع حول الالتزام.. الأمر الذي جعل تجاوز أسوار المنطق، فعلاً غير مشروع، تحت عنوان التلاعب، الذي يصنع المصاعب ويجلب المتاعب.

يجهل الكثير من البشر ثقافة النظام والتكيف مع أبعاده وفرضياته، التي وضعت من أجل منع العشوائية، ووقف الفوضوية، التي تعد جانباً متوقعا في محيط البشر في ظل غياب الرقيب، لذا يأتي الخلل

من خلال تعامل البعض مع الأنظمة من زاوية الفرض بعيداً عن رؤية المنطق.

يرى البعض أن النظام مرتبط بأسس الدين وقوانين الدولة فقط، ويجهل أن هنالك نظاماً داخلياً من خلال النفس وتنظيماً خارجياً على ضوء السلوك.. ليكون هو الذي يستقبل التشريعات ويلتزم بها، ويسير في دروبها، لأن هنالك أخطاء قد لا يكتشفها رادار القانون، وإنما تبقى في مساحة الحرية الشخصية، التي قد ترمي الشخص في سوءات مضاعفة، وقد يصطدم بعدها بسلطة العقوبة، التي ستكون أعظم وأقوى تحت وطأة الفجائية، وفي مدار الغفلة.

الحرية مفهوم جميل يفتح للنفس مدارك العيش، ومسالك التعايش، متى ما كان التحكم في مساحة مرنة، ترسم مشاهد الأقوال والأفعال بعيداً عن السلوك الغريب أو الفعل المريب، مما يؤدي إلى الاستغراب والاندهاش، ويحتم التهذيب أو التأديب، وذلك عندما تسير السلوكيات بين قطبي التحرر والانحلال أو التشدد والتطرف.

عندما تتداخل مفاهيم الحرية والنظام، يأتي المنطق في حلته الباهية وطلته الزاهية ليصنع السلام النفسي والتصالح الروحي بين الإنسان وسلوكه فترتفع مستويات العزيمة، وتنخفض معدلات الهزيمة، ونصل إلى أسمى درجات الرقي الإنساني وأعلى مراتب السمو البشري.

الرقابة الذاتية تجعل الإنسان أكثر اتزاناً وأعلى توازنا، ما بين طرق التفكير ومسائل التدبير؛ وصولاً إلى التأقلم النفسي بين الأفكار

والقرارات في خضم حياة لا تستثني أحداً من التجارب، في حين أن النظام سيبقى العنوان الرئيسي لكل تفاصيل السلوك ويظل المنطق النتيجة الحتمية، التي تملأ الشخصية بالقرار الحكيم والاستقرار المستديم، الذي تصنعه القناعات الصادرة من قلب العقلانية.

يجب أن يكون هنالك تفريق بين ضروريات الحرية المتعامدة على السواء والإيجابية والنفع، وسلبيات التحرر المعتمدة على السفه والطيش والتهور.. فالأولى تصل بالإنسان إلى شواطئ الأمان حتى وإن تعالت موجات الترغيب، وارتفعت حيل الجذب، والثانية تهوي به إلى أعماق الخطيئة عندما يقع ضحية الحيل، فيسقط في مستنقع السذاجة ووحل الحماقة.

قد ينظر البعض نحو الحرية بشيء من الحذر المختلط بالخطر، نظراً لوجود نماذج مريبة وشخصيات مريضة، شوهت هذا الجانب بفهم الأمر على نحو خاطئ، وتوظيفه بطريقة سلبية، مما غير النظرة وبدّل الرؤية نحو هذا المفهوم الذي اختلط بتحرر مشين وانفلات بائس.

يدعمنا النظام بكل اتجاهاته في القانون والتربية والتنشئة والتجربة، في مواجهة احتيال مبطن ومجابهة تزييف خفي، صنعته الحضارة التي يجب أن تحترم من خلال المحافظة على ثبات الذات، والمواظبة على إثبات التقدم، مما يحتم أن تكون هنالك إدارة للوعي، تصنعها هوية الإنسان ذاته، وليس أهواء الآخرين، لتأتي النتائج بعدها في اتجاهين، إما الرضا في وضع النجاح أو الندم في موضع الفشل.

الحرية مفهوم شامل، يشمل الكلمة والرأي والقول والفعل والسلوك بكل تفاصيله، لذا يجب أن يكون داخل إطارات من النظام، وفي مجال مسارات من المنطق، وصولاً إلى النجاة من الوقوع في مصائد السوء، والتي تبقى رهينة لكل مسلك تجاوز الحدود وتعدى المعقول.

الإنسانية.. وخزائن المنافع

الفروق الفردية، مجال للتقييم، ومكمن للمقارنة بين كل شخص وآخر في الأداء والإنتاج ووسط العلم والعمل.. ويأتي التباين القيمي، بين الناس مبنياً على الصفات والسمات، ليكون المعيار الأمثل لرصد النتائج المرتبطة بالقول والفعل والمترابطة بالأثر والتأثير.

تأتي الإنسانية لتفرق بين الصفاء الفطري والوفاء البشري، مكللة بالنبل ومجللة بالفضل، فيتفاوت البشر فيها، ما بين انتماء أو جفاء، وتتراوح المراكز وتتباين المراتب، وتختلف المواقع؛ ما بين قيم تفرض نفسها، وعدم يهمش صاحبه.

الإنسانية اسم جامع لكل قول وفعل، ينشر المنفعة ويشيع الفائدة، ويدعم الآخرين ويساعد الغير، دون شرط أو قيد، بعيدا عن فرضيات الذات أو افتراضات المصالح، لتكون النتيجة في شؤون الإنسان؛ من أجله فقط، وليس من أجل دنيا يصيبها أو أمنية يجلبها، إنما هي قيمة آدميه تجعل الهدف ساميا من منبعه متساميا مع نبعه.

تمثل البراءة والفطرة والعفوية أدوات أولى، تشكل خارطة الإنسانية بخطوط خضراء ترسم التصالح مع النفس والتسامح مع

الغير، حتى تظل مساحة الإنسان بيضاء دون شوائب ذاتية، وعصماء بلا رواسب أنانية، لترسم مشاهد الفضائل في أبهى صورها لتضيء مسارب الضيق وتنير عتمات الكرب، وتبدد صدمات الظروف.

في سنوات العمر الأولى تتشكل الهوية الأولى، وتتبلور القيمة لدى الإنسان في داخله، متكئة على عمق فطري صاف نقي، وتطمح إلى أفق حياتي متباين، فتأتي الأسرة والمدرسة والمجتمع، لتكون عوامل بناء أو معاول هدم، فتحل عقبها التجارب المتأرجحة بين المشارب والمآرب؛ بين أصول ثابتة وفروع متمايلة.

ترتبط الإنسانية بالمنافع، وتكتمل بالفوائد، التي تجعل الحياة جميلة، وتحول الدنيا إلى محفل للتنافس الأشرف، في مكونات الإعانة، واحتفال للتسابق الأكمل في ميادين الإغاثة.

الناس جميعهم أناس يحملون هويتهم من خلق بني آدم، ولكن الإنسان صفة منفردة لا تطلق إلا باكتمال شروطها ومواصفاتها ومقاييسها، التي كشفت الوجه الآخر من البشر، فمنهم من أدى الدور ونال اللقب، وآخرون رسبوا في أول اختبار حياتي خضعوا فيه للتجربة، ونوع ظلت الإنسانية أساساً لشخصيته، وأصلاً لكينونته، فاجتاز كل الاختبارات، لأن نفسه جبلت على العطاء والسخاء والنقاء منذ سنوات عمره الأولى، فظل أميناً لمهمته الحياتية، التي ربطها بالنهاية الدنيوية التي لا تستثني أحداً حين الرحيل.

نحتاج إلى الإنسانية ليكون لدينا خزائن للمنافع، تؤتي أكلها كل حين، حتى نصل إلى أنسنة الحياة.

في خضم بحر لجي من التغافل والتجاهل عن أصل الإنسان، وعمق الكيان المرتبط بالتعايش مع الآخر، من خلال عيش معاناته والإحساس بآلامه وأحزانه، يأتي التطرف الذاتي في جشع نفسي، وطمع حياتي، يلغي كل الاتجاهات نحو الشعور بالغير، والاستشعار بالتقدير، الذي تمثل فيه الإنسانية منصة مثلى، لتوظيف الأخلاق وتطبيق القيم.

نفع الناس مهمة يجيدها الأتقياء، ويتبادلها الأوفياء، في علاقات إنسانية تعتمد على التهذيب، وتتعامد على الترغيب، وفق أصول من الاحترام وأسس من الالتزام، تبني صروح الحياة باقتدار المنافع واعتبار الفوائد.

خزائن المنافع متاحة، في دروب العطاءات الإنسانية لمن أراد أن ينهل منها كل معاني الإحسان، وأن يقتبس منها شتى معالم الحسنى، حتى يصنع له الأثر في قلب السخاء، والذكر في قالب الدعاء، ليمثل الإنسان في داخله من خلال سلوكه ومسلكه.

أيقظوا الإنسان الغائب في أنفسكم والمخفي في أرواحكم.. أخرجوه من توابيت الهامشية، وأنقذوه من مصائد الأنانية، دعوه ينطلق من أعماق السواء إلى آفاق الولاء ليضيء الإنسانية في كل اتجاهات الحياة وجميع واجهات الدنيا.. فهو ساكن في دواخلكم وقابع في أعماقكم، دعوه يعبر عن قيمه ليبني قيمته ويصعد إلى قمة المعاني الحياتية؛ الكفيلة بزرع الخير، وإنبات التكافل وجني التكامل بين مقومات العمر ومقامات التعامل.

نوافذ على الإنسانية

في الطفولة يبقى الإنسان قريباً من الفطرة، مسكوناً بالبراءة والتلقائية.. ثم تبدأ شخصيته في التشكل وتنطلق سماته في التشكيل، كلوحة يرى ملامحها مع مراحل العمر ويشاهد مشاهدها مع مسيرة السنين.

تبقى الإنسانية الشراع الذي تتزن به سفينة الحياة، لتمضي في بحر الدنيا المليء بالأمواج والمد والجزر، والذي تتقلب فيه الظروف وتتبدل وسطه الأحوال.

الإنسانية هبة ربانية وموهبة ذاتية، تولد في الإنسان، وتسكن عقله الباطن، وتحتل ذاكرته في أولى مؤثرات العيش، وتعمر وجدانه مع بداية تأثيرات التعايش.. يعود إليها فيستمد منها التجربة، وينهل منها الفائدة، ليطبق المنافع في مراحل جديدة.

لم ندرس الإنسانية في مناهجنا بمفهومها السائد، وتفاصيلها المنوعة، ولكن القرآن الكريم فصل المفهوم ووضح المعنى، في كل الشؤون والمتون، ابتداءً من قصة قابيل وهابيل، مروراً بمناهج الأنبياء مع أقوامهم وقصص الرسل مع عشائرهم، وصولاً إلى

منهجية سيد الأولين والآخرين نبينا محمد صلى الله عليه وسلم مع قومه وابتلاءات المقربين، وتشربنا تلك المناهج الفريدة في علم النفس الإسلامي، فقد وظفها القرآن بالقصة والنتيجة والعبرة والاعتبار والصبر والنصر والمعطيات والعطايا، فأصبحت الإنسانية سلوك حياة ومسلك عيش وأسلوب تعايش، يستند على كتاب وضع البصائر والمصائر في منهج فريد، وأبان الحق منهاجاً والحلول سراجاً؛ يضيء العتمة ويبدد الغمة، وينير الدروب ويلغي المتاهات، ويجبر الأنفس، ويختصر الحل، ويوظف العدل.

كل شخصية بشرية، فيها إنسانية حاضرة بفعل الأخلاق وناضرة بواقع المعاني، ومغيبة بسبب الجهل وغائبة بدافع الأنا.. فإما أن تظهر في آفاق التعامل، أو تختفي في أعماق التجاهل، لذا فإنها نعمة عظيمة ينالها المسكونون بالأثر والملهمون بالتأثير، والمستلهمون للعطاء والمتيمون بالسخاء. ومحروم منها المتأبطون شراً، المتلونون سلوكاً، والناقصون عقلاً.

الإنسانية هي البلسم الذي يداوي مواجع المكلومين، وهي المبسم الذي يرسم الفرح على وجوه المتعبين، وهي الاسم الذي يبرز سمات التآزر، والوسم الذي ينقش مظاهر التآخي.

الإنسانية مبتدأ لخبر الفضيلة، في جملة اسمية مفيدة، خلاصتها القيم وعنوانها الإحسان، وهي معادلة حياتية نتيجتها رقم صحيح في اختبار البراهين، ومتراجحة دنيوية، حلها عدد ثابت في حساب الموازين.

للإنسانية نوافذ عدة، تطل على مشاهد التعاون وتشارف على

معالم التعاضد.. لتظل الجمال الحقيقي، الذي يزين وجه التواصل وملمح الوصال.

بين المواقف والوقفات تظهر الإنسانية، وترتفع درجاتها في سلم السمو، لترتقي في درس حياتي، وتعلو في منهج دنيوي، لتبقى المنهل الأبرز الذي يوزع إمضاءات الحسنى والنبع الأغزر، الذي يفيض بومضات المحاسن.

الإنسانية منهج جائل، يجمع البشر تحت مظلة الآدمية، ونهج مستديم يوحد الناس في غاية الاحتياج، ليبقى العنوان الأول لقصص التعايش والسلوان الأمثل لمصائب الأقدار.

تظل الإنسانية مدرسة نموذجية لصناعة الصفاء وصياغة النقاء، توزع مناهجها على تلامذة يبدأون قراءة وحفظ حروفها الأولى، في تعلم العطف وفهم الرأفة وتوظيف الشفقة وتشرب الرحمة واستخدام اللين، ومعرفة الرفق واستلهام العفو، لتكون وسائل للنجاح في مقررات التعامل والتفوق في اختبارات الظروف، لنيل شهادة الإنسان وارتقاء منصات الثبات وحصد جوائز الحسنات.

الإنسانية أن ترحم أكثر، وأن تعكس سماحة الإسلام في مواجهة العقبات، وأن توظف أصالة الإيمان في مجابهة العوائق، وأن تنثر عبير التسامح أمام المخطئين، وأن تشيع أثير الصلاح نحو الآخرين، وأن تنشر تقدير الظروف حول المقصرين، وأن تكون مصدراً للنفع، ومنبعاً للفائدة، وأن تتحول إلى عنصر فعال في النماء وعضو فاعل في الانتماء.

علينا أن نتعلم الإنسانية في كل اتجاهات حياتنا، وأن نطبق فوائدها ومنافعها في السراء والضراء، وأن نتفنن في شيوع هذا المعنى العظيم في تعاملاتنا، وفي سلوكنا ومسالكنا، لننهض بفكرنا ونرتقي بحوارنا، ونعلو بقيمنا، حتى نورث للأجيال دروسا عن الإنسان المختبئ خلف المصالح والمتواري وراء الذاتية، ليظهر بقوة ويطغى بفاعلية، حتى نكون مجتمعاً إنسانياً يسوده الوئام والتراحم.

أسبقية الأدب وأحقية الثقافة

في عصور مضت كان للأدباء مكانهم في مجالس القوم، ومكانتهم في مواقع القرار، وظل الشعراء في بلاط الحكام ينثرون الشعر ويكتبون الأغراض وينشدون الألغاز، ويحيكون الخطب في وقت، كان فيه حكماء يتسمون بالثقافة ويتصفون بالأدب، لديهم من اطلاع المعارف واتساع المدارك، ما يجعلهم أصحاب رأي وسادة كلمة يستعين بهم كبار العشيرة، وسلاطين الأماكن، في صياغة القرار وحياكة الاستقرار.

وفي الأسواق التاريخية ظل بائع الكتب وناشر المعرفة، رجل قدرة وشخص تأثير، تحيط به دوائر الباحثين وراء المعارف، لنيل حكمة جائلة أو اصطياد نصيحة حاضرة، أو شراء كنز من كنوز الشعر أو التاريخ أو التراث، في وقت كانت فيه المؤلفات مجرد كتابات، توثقت في القلوب الحية، أكثر من عباراتها على الجلود الميتة آنذاك.. وظلت الثقافة منبع لقاء، يجتمع لأجله البشر، وتتآلف لوقعه الجماعات حتى ظلت وسيلة أديرت بها حقب تاريخية، بقيت شاهدة على سلطة القلم وسلطنة الفهم، رغم ويلات الحروب، التي طالما أشعلتها نيران الجهل وأطفأتها مشاعل العلم.

توالت السنون فارتفع حجم التطور وتزايد مؤشر الابتكار، وتباينت الفنون الأدبية لتتحول إلى القصة والرواية والنقد والتحليل والشعر والنثر والخاطرة والرصد والدراسات.. ومر على محطات الثقافة فطاحل من المؤثرين، وعباقرة من المميزين، الذين لا يزال صدى إرثهم شاهداً على انفراد التأليف، ومدى تراثهم صامداً أمام مداد التوصيف..

تتبدل المسؤوليات وتتغير المهمات في مسارات الحياة العملية والتي عادة ما ترتبط بالأسس والثوابت والمنطلقات، في حين تأتي الثقافة لتكون المساحة المفتوحة للإبداع والساحة المسموحة للإمتاع، ويأتي المثقف ليرسم خارطة التأثير بخطوط خضراء للتفاؤل، على صفحات بيضاء من التجديد، لا تعترف بأي حدود حمراء، سوى الارتهان إلى برهان العقيدة والخروج من شكوك الاعتقاد.

لذا فإن تسلم الأديب والمثقف للمهام المحددة، يعد بمثابة زنزانة، تقيده عن التحرك بحرية في مراكز صناعة الإنتاج الأدبي، فضالته في هواء طلق، ينشد من خلاله التحرر من قيود التكرار، وينال وسط أفقه التجرد من الجمود.. ليبقى مقيماً في متن الجديد ثاوياً أمام عتبات التسديد، وصولاً إلى وضع الآخرين أمام بشائر جديدة من العطاء، وعطايا متدفقة من السخاء، تحت ظلال الكلمة والحرف.

في معاني البشرية يأتي الأدب أصلاً من أصول التحضر، وركنا من أركان الحضارة ومقياساً من مقاييس التقدم، وأساساً من أسس التميز، فمنه تتباهى الشعوب بأسماء أدبائها، الذين أكملوا فراغات الحياة، ومثقفيها الذين بنوا صروح المعاني.

في أساسيات المقارنة ومحك التنافس، تظهر الثقافة معياراً للتطور الفكري والابتكار المعرفي، ففي ميادينها يتجلى اعتلاء الكلمة، وتنجلي كوابح الرجعية، وتسمو الثقافة بالمجتمع إلى منصات التكريم، وترتقي بالشعوب إلى مستويات التتويج، وتسهم في تمهيد دروب المعرفة أمام الأجيال، وتجعل للحياة ألوانا جاذبة من الرؤية الفكرية، وأبعاداً جاذبة من الهوية المعرفية باتجاه مستقبل واعد.

للأدب أسبقية تتجاوز كل مسالك التعلم، لاعتماده على الأثر، وتعامده مع التأثير لصناعة مرحلة أدبية، تشكل للمقيمين في مساحاتها دهران؛ أحدهما للثبات والآخر للتحول، ليكون الطريق مفروشاً بالوجود، والحاضر منقوشاً بالصمود، في سبيل اللوذ بكل معنى للفكر، والقبض على كل مغنم للتفكر.. وللثقافة أحقية تجعلها جوهرة المفاهيم، وسيدة الأمنيات، وملكة العلوم، في منظومة بحوث وحوارات ونقاشات تصعد على سلالم الرقي، وتتجاوز توقعات الأماني، لتعطي للحياة وجهاً جميلاً بملامح التطورات ومطامح الابتكارات، في متون الكتابة وشؤون القراءة، وميادين التأليف وشجون الأحاديث.

الكتابة بين الأثر والتأثير

الكتابة تلك الهواية والهوية والسلوك والمسلك، وقد شكلت لنا أول خطوات التعلم؛ فيها وضعنا أولى خربشات التجربة وضلالات الرعونة واستنتاجات العفوية؛ نجحنا فيها بمجرد مسك القلم، وتفوقنا معها حين تحرك الخط ليتكون لدينا ابتداء خيوط الذاكرة المعرفية، بأبجديتها التي كتبناها بحذر على أوراق الواجب المدرسي، وشكلناها بغرور على جدران الحي المنسية، وحفظناها بتحيز في وجدان النفس المحتفية.

للكتابة رحلة بدأت منذ تلك التعرجات، التي كانت فيها الألف عصا لا تقبل الانحناء والباء منحدراً متوازياً، لا يتقبل الاستواء، ومضى هذا الاقتران لنبدأ أولى خطوات الأنا في عشرات التواقيع، والتي شكلت هوية خاصة، تعكس رمزية حب الظهور وعفوية محبة التأثير، فجاء التوقيع ليظل الوقع الكتابي الأول، في مضامين عشوائية اتخذت الحرية ساحة مفتوحة، خارج قيود الدرس، وبمنأى عن حدود التقيد.

منذ اللحظة الأولى لاعتناق فعل الكتابة تنعكس على النفس مشاعر التفريغ، وتحويل الكلام إلى مشهد مرئي، ومعنى بصري، الأمر الذي جعل منها الاستجابة الأولى للتعلم الحقيقي، في مسيرة الذات والإجابة

المثلى للتفهم الواقعي في بصيرة النفس، فجاءت الخطوط لتكتب أول خارطة ذهنية، باستخدام وساطة القلم، ما بين عقل يفكر وقلب يتدبر، وبنان يكتب وبيان يتجلى؛ بين خطوة الكلمة وحظوة الحرف وسطوة العبارة.

الكتابة تعيدنا إلى سيرتنا الأولى، التي بددنا فيها ظلام الجهل، وشتتنا وسطها مظالم الأمية، وشدونا خلالها ببشائر الخطوات الأولى، التي استهلت الركض بثبات رغم صعوبة النقلة من انعدام الأداة إلى امتلاك الهبة، وبتنا مقيمين في متون التعلم الشخصي؛ قائمين على أهداف التطور الذاتي.

عندما بدأنا الكتابة انتقلنا من أصول الأمنية إلى فصول الدهشة، ومن عمق الأمل إلى أفق الاندهاش، ووصلنا إلى فرح غامر، ملأ دواخلنا ونحن نرى بداية إنتاجنا المشفوع بالحروف، في تجربة فعلية على صفحات التعلم في بدايات مراحل الدراسة، حينها فقط تشربنا البهجة من أعماق التلمذة إلى آفاق المهارة.

الكتابة سلوك خاضع للتطور نافع بالتصور شافع بالتطوير، يعد أسمى حالات المعرفة، والمعنى الحقيقي للإبداع، فمنه خرجت أجمل العبارات التي حفظها التاريخ، وفيه انطلقت أكمل الاعتبارات التي شهدها الزمن، في ظل مسلك يعكس ثقافة الإنسان، ويوظف حصافة البيان، ويصنع إنتاجاً يضيء دروب العتمة، وينير مسارب الغمة، ويسهم في انعكاس الكفاءة ويرصد أساس الإجادة.

الكتابة اسم جامع لأسلوب ممتع، يحول الكلمة إلى أداة وصف،

ويسير بالمعنى إلى منهج توصيف، فتنبسط الأفكار في منظومة نص فاخر، وتنطق العبارات في نظام مقال باهر، وتتزاحم المفردات في عقود من الضياء في اتجاهات مختلفة وفق الأسباب، من منطلق الدواعي التي حضر فيها القلم، ليكون شاهد العصر، ويبقى المكتوب ملكية فكرية، ترتبط باسم صاحبها، لتكون قرينة لإنتاجه وأفكاره وإبداعاته.

للكتابة دروس مختلفة وطقوس متباعدة، تتعامد على المهارات وتعتمد على المواهب وترتقي بالابتكار، وتسمو بالاقتدار، في سبل متعددة، ترصد الشخصية وتؤكد التوجه وتبين القدرة، وتوضح التمكن، من خلال هدف في ذهن المؤلف، واستنتاج وسط عقل المتلقي.

تتباين أنماط الكتابة، فقد تكون مهمة روتينية؛ وهي تلك التي خضعنا لها في المدارس، وقيدتنا على طاولات الفصول، وأجبرتنا على واجبات الدروس، فبقينا منفذين لتخطيط ثابت جعل من كتاباتنا مجرد ممارسات مفروضة، وأبقى العديد من كتبة التلقين في دوائر التكرار، وقد تكون الكتابة بدافع آخر، ومن قفز على أسوار التقليدية؛ انتقل من سيطرة الواجب إلى مسيرة الوجوب، فخرج من محدودية المفترض إلى احترافية المفروض، ليشكل هويته الكتابية بمهاراته واتجاهاته وميوله، ليكون الفاعل المعلوم، وضميراً متصلاً تقديره هو، وتبقى ذاته في تنقل وارتقاء بين مستويات الكتابة التي لا حد لها، من التميز، ولا ينتهي مددها من الامتياز.

للكتابة مراحل تتنقل فيها بين المحافل، بهيمنة الأثر وسلطنة التأثير،

في محطات حياة تتباين بين الدراسة والعمل والهواية والنشاط والدافع والمشاركة والتعلم والتأهيل والتدريب والتأليف والإنتاج، لتكون المهمة الأسمى في عمر الإنسان والهمة الأعلى في درب الزمان.

الإنتاج الأدبي.. والسلوك الإنساني

تمتلئ معارض الكتاب الخليجية والعربية سنوياً بمئات الإصدارات والمؤلفات الأدبية والثقافية، في فنون القصة والشعر والرواية والنقد والتحليل والعلوم، وشتى صنوف المعارف.. في ظل تباين في العرض والطلب.. ووسط فروق في الإقبال ومفارقات في التقبل.

ثمة تداعيات ترسم أبعادها على المشهد الثقافي من واقع تلك المؤلفات، ومن وقع تلك الإصدارات قياساً بمحتوى المنتج ومقياسا برأي المتلقي.

وبنظرة تحليلية لرصد الجانب السيكولوجي الثقافي، بين قطبي المشهد من مؤلفين وقراء، فإن المسألة تتشكل في أبعاد الأهداف من التأليف، وتتبلور في اتجاهات المنافع من الاقتناء.

تأتي الفروق الفردية والميول الشخصية لتكون الشاهد الأول على المؤلفين، وتحل الأذواق الخاصة، لتكون المشهد الأمثل في مساحة المتلقين.

يأتي الشعر سيداً للحضور وإن طغت عليه منتجات الرواية

والقصة في الفترة الماضية، نظراً لتباين الإتقان بين الفنون الثلاثة، فالأول يحتاج أدوات خاصة تعتمد على المهارة والخبرة، وتخضع لشروط حرفية كاملة، تظهر الخلل حتى من آراء المتذوقين أمام نصوص مختصرة أو نظم محدد، يجعل الحكم سريعا والنقد عاجلاً سواء من المتخصصين أو المتذوقين، في حين أن الشعر فنّ يرتبط بظواهر عامة لدى الآخرين أو بتجارب خاصة تبقى في ذهن الشاعر، أما أن تكون واقع ذات أو محاكاة لوقائع آخرين؛ فإن فن الشعر يرتدي جلبابا فضفاضا من الاحترافية، الأمر الذي انعكس على قلة المنتجات في الدواوين، خصوصا في الشعر التفعيلي بعيدا عن شعراء النثرية، الذين كان إنتاجهم غزيراً، ومال أكثر إلى الخواطر الخاصة أو السرد التعبيري، والذي جاء ليظهر سيكولوجية الكتابة في التعبير عما يجول في الخاطر، والتقدير لما تستلهمه النفس من تجارب، ليظل العزف فيه بين قطبين من الإتقان للمفردة والإذعان للسرد، ليبقى قالب النقد فيه منصباً على جودة العبارات وإجادة المفردات، وأيضاً الميل إلى الاتجاهات الشعورية التي تنطلق من النفس كتداعيات لموقف حقيقي، أو وصفات لشعور مبهم.

وحلت القصة في الإنتاج الأدبي في الآونة الأخيرة في قوالب القصة القصيرة جداً والقصص القصيرة والمجموعات القصصية، لتشكل فناً وليداً في التنويع وأدباً تليداً في التشويق، حيث تستأثر بالذائقة النفسية وتعكس الإيحاءات السلوكية والإيماءات الشعورية الخالدة في النفس، لتتواءم مع القصة كتذوق أدبي، يربط بين المنتج الأدبي وسيكولوجية الثقافة. وظلت القصة أكثر ترابطا مع الذوق الجماعي، حيث تستأثر بالاستحواذ على اتجاهات شرائح عمرية أكثر،

من خلال مناسبة مفرداتها للفهم النفسي للوقائع والتفهم الذاتي للنتائج، من خلال تشرب معنى القصة ومعرفة محتواها في جانبي الاختصار للتذوق، والانتصار للمعنى، مما جعل ارتباطها السيكولوجي أكبر وأقرب للذائقة البشرية، وأعلى في رصيد الفئات العمرية المختلفة، الأمر الذي جعلها من أكثر الفنون إنتاجا وغزارة، قياساً بالفنون الأخرى؛ الصعبة مثل الشعر الذي يعتمد على الجودة الفائقة في النظم والتعبير والتسطير للنص التفعيلي، أو القصيدة المنظومة، أو الرواية التي تعتمد على فصول مختلفة، وبعد نظر مختلف في رصد موضوع روائي، يعتمد على التحليل والمحاكاة والرصد والوصف والتشويق والربط الاحترافي بين الشخصيات.

وفي الرواية تتشكل أمام القارئ أبعاد سيكولوجية مختلفة، وفق قامة الرواية وقيمة الشخصيات البشرية، والأحداث والنتائج، التي لا بد من حضورها في أركان الرواية كفن أدبي فاخر، يعتمد على الإبداع والإمتاع معاً، خصوصا أنها الفن الأدبي الأوحد؛ الذي لا يمكن أن تفصل أوراقه، أو أن تعزل بعض فصوله عن بعض، بل هو توليفة واحدة، تجعله مرتبطا بأعماق النفس، وآفاق الروح في التلقي والتعايش مع الفكرة والمضمون والهدف.

ثمة ارتباط سيكولوجي بين النفس والثقافة، من خلال الإنتاج الأدبي، حيث يظهر الترابط الوجداني بين الفنون الأدبية والمشاعر الإنسانية جلياً وواضحاً، من خلال انعكاسات السلوك البشري، في التعاطي مع الإنتاج، من خلال التذوق الفكري والفائدة الحياتية، واكتساب المهارات وإشباع الميول الذاتية، نحو حب الاستطلاع والتعلق بالجديد والارتباط بالمتجدد، وكسب القيم الثقافية كالقراءة

والبحث والنقاش والحوار، وأيضاً توفير عدد من مساحات الاكتساب المعرفي للنفس من خلال القراءة والتلخيص وملامسة العمق الإنساني في القارئ والمتلقي، بالقصص والروايات والقصائد، التي تتحدث عن معاناة البشر أو آلامهم وأحزانهم، وأيضاً سد فجوات الفراغ التي قد تلقي بالشخصية في متاهات المتاعب أو التفكير السلبي، وتوظيف ملكة النقد الكامنة، التي قد تشتعل وتتقد للغوص في تفاصيل الأعمال الأدبية، وفتح مسارات سلوكية للمنافع التي يعكسها العمل الثقافي في دروب الحياة.

فنون الكتابة.. ومتون الإبداع

الكتابة الاسم الجامع، الذي يرسم مشاهد الفنون بالبلاغة، ويؤسس أركان المتون بالنباغة.. فمنها تنطلق اتجاهات الأحاديث وفيها تنطق مواجهات الأحداث.. فالكلمة في ثناياها دليل.. والعبارة وسط مزاياها برهان.

للكتابة ارتباط مع النفس وترابط مع الحس وتناغم مع الإحساس، تحت مظلة الإنتاج، فمن بين الحروف تتباهى الأوصاف، مطلقة العنان للأفكار بالمثول أمام سلطة الإبداع، وحول سلطنة الإمتاع، لتنضج قطعة من الأناقة الحرفية وخلاصة من اللباقة الفكرية، تؤتي أكلها في ميادين الحرف وبين عناوين الوصف.

ما بين الإذعان والإتقان؛ تتنقل مراتب الكتابة بين وحي الذات ودوي الفكر، لتتبارى المفردات في سباق محموم، نحو منصة الإجادة وسياق مختوم بهمة الإرادة، فتتشكل غيوم النتائج، لتهطل صيباً من الصواب، يضيف للمعرفة رصيداً سديداً، من الثقافة التي تملأ فراغ التساؤل، وتبهج مفهوم التفاؤل، في منظومة من الأفكار والابتكار بين حظوة التفكر وسطوة التفكير.

كي ننتقل بالكتابة من قيمة السلوك إلى مقام الأسلوب، تظهر بين البشر في هذا المحيط فروق ومفارقات بين المراتب الواضحة، تبين فرق الموهبة، وتؤكد فارق المهارة، لتتحد في المشهد مزايا التجربة، وتتواءم في المعنى ثنايا الخبرة، لنرى التمييز بين سادة الحرف، وقادة الوصف، في تباين يشهد به المتلقون والمتذوقون، الذين يشكلون في وجودهم لجان تحكيم محايدة، تنشد البحث عن المتعة الكتابية، التي يظفر بها صناع التفرد، وسط منظومة تنافس الحروف في صناعة الذائقة.

الكتابة هي اليقين الأسمى، الذي يحول الكلم إلى معارف، تنطق في مشارف الرأي، ويحيل القول إلى جواب ينطق في خطاب التوجيه.. وهي التيقن الأشمل الذي يرسم طرائق الأماني في مدارات التائهين، ويبرمج حقائق الأمنيات في مسارات المتأملين.

في الكتابة وسيلة لرصد اختلاجات الأنفس، وغاية لصد موجات الظروف، فتكتمل المعاني في منظومة من البوح الصادر من الروح. وهي المعنى القويم الذي يشكل لنا ابتهاجات الضياء في مؤلف علمي أو منتج أدبي أو إنتاج معرفي.

يرتبط الإنسان مع الكتابة في أول فعل علمي، لتوظيف ملكات القراءة في قلب الواقع وفي قالب الحقيقة، وتوجيه سكنات الجراءة في مكونات الهواية، وفي تكوينات الهوية، الأمر الذي يجعلها اسماً حاضراً في سماء الموهبة وفي آفاق المهارة.

للكتابة متون تتجلى في أفق التأثير، بمؤلفات ظلت شاهدة على التغيير، وصامدة أمام التغير.. لتمثل جوانب ملهمه للإنسانية ومعاني

مهمة للبشرية، تجعل الإنسان أمام فرص متاحة من التعلم ومقاييس ميسرة من الاكتساب.

في ظل التسارع المتزايد في عجلة الحياة، تأتي الكتابة على رأس المهارات، التي تنشر أثير المتعة الذهنية، لتحضر في قائمة التطورات في مناهج تتخذ من التعلم الأول عنواناً للخبرة، ومن التأهيل الأخير تفاصيل للاختبار في موجهات من التقيد بأصول العلم والتسيد لفصول الفهم.

مهما بلغ مستوى الطموح لدى الإنسان ووصل إلى أعلى الصروح في الشخصية الاعتبارية، أو المكانة الوظيفية؛ تظل الكتابة وجهاً أصيلاً للأفكار التي تفضل الخروج من عباءة الروتين، والتمرد على عبء التكرار، لتتشكل في مساحات من الإبداع في ميادين التفكر ومضامين التفكير، لتصنع لنا الإلهام في المعنى والإسهام في النتيجة بوقائع تحول الحياة إلى مرسم مفتوح، لرسم مشاهد الأثر وإبقاء معالم المآثر في محطات عمر حتمية، تعتمد على التدبر وتتعامد على التدبير.

يقرأ الإنسان يومياً مئات الكتابات في كل الاتجاهات، وحيثما ولى وجهه شطر الانجذاب وفق ذوقه الفكري ورؤيته الذاتية؛ سيختلف لديه تقييم الكتابة من خلال الاستجابة العقلية والإجابة النفسية عن كل حرف لامس وجدانه، أو عبارة سكنت كيانه.

الكتابة حياة والعيش في ظلالها قيمة معرفية والتعايش مع أفكارها هيمنة فكرية، تسمو بالنفس وتنمي العقل، وتنعش الوجدان وتطهر الروح وترفع المقام.

الكتابة بين الطقوس والدروس

الكتابة هي المعنى العظيم، الذي يصور المشاهد أمام الأرواح، فتراها واقعا ملموساً في هيئة حروف وكلمات وعبارات، تأتي كالصرح المقيم أمام بصر الناظرين، وكالطود العظيم أمام الباحثين.

تتجاذب الكتابة مع الفكر، وتنجذب إلى التفكير، فتأتي إلينا كالمواسم وتحل وسطنا كالمراسم.. فترتدي رداء البشائر متنقلة بين البصائر والمصائر، فتشبع الأرواح اللاهثة خلف الأفكار، وتجيب الأنفس المتسائلة عن الاعتبار، فتتشكل في عالم مرئي ومعلم مسموع، تنطق بالحرف وتستنطق بالحرفة.

تختلف طقوس الكتابة؛ فمنها موهبة تستبد بالإنسان، يراها دهرا للثبات وآخر للتحول، ومنها مهارة تغمر الوجدان، فيقدمها ثمناً للإنجاز، ويعيشها جهراً للاعتزاز، وتتوطد العلاقة بين وحي الحرف وإيحاء الوصف، قدراً وتقديراً وسطراً وتسطيراً.

للكتابة طقوس تظل سراً بين القلم والورقة والكاتب، وعلانية بين الفكرة والمناسبة والتعبير.. فنرى الأوقات راضخة لهذا الفعل، رهينة لهذا الجانب الذي يسخر العقل ويشحذ الهمم من منطلق السلوك إلى انطلاقة المسلك.

ترتبط الكتابة بفصول الأفق وأصول العمق، وتترابط مع أركان المعنى وأسس الوعي. فتكون في حالة من التركيب الفكري بعناصر يرتبها الكاتب في معادلة معرفية، وتجربة من التأليف الذاتي بمعانٍ يضعها المؤلف في خطة عقلية، لتكون مبنية على البراهين واقفة على الدلائل.

تستنفر الكتابة المسجوعين بهموم الناس، المسكونين بغم الآخرين، فتأتي كالسكينة على المواجع في مقال نزيه، وكالطمأنينة في مقام وجيه. عندها تشكل الكلمة سلاحا لوأد الهم، وكفاحاً ضد الغم، وبوحاً أمام الصمت وانفتاحاً رغم الانغلاق.

تستقر الكتابة في النفس كموجة تلامس العقول، وتتكون كغيمة تنتظر الهطول، وتتبلور كمعادلة ترتقب الحل، وتسمو كتفاصيل تتحين الإعلان، وتتباهى كجائزة تنتظر الفوز.

الكتابة مهارة وموهبة وهبة، تملأ النفس بالتوازن وتشبع الروح بالاتزان، وهي بوابة الأفكار وانطلاقة الابتكار، منها تتشكل البدايات وبها تنطق المتون، وإليها ترتكن النهايات في حضرة الكلمة وفي حظوة الحروف.

ترفع الكتابة المناعة الذاتية، ضد صدمات الأحاديث، لتكون البلسم الشافي لمواجهة كيد الفارغين، والمبسم الذي يرسم للحياة كل اتجاهات النقاء، والوسم الذي يزين الواقع في شتى صفحات الوقائع.

في الكتابة دروس متعددة، فمنها تنمو المهارات، وفيها تبتكر المواهب، وهي فصل أول وأصل أمثل، في تغذية العقل وتنمية الذات،

وردع العشوائية ودحر الفوضى، واليراع هو الحل الأجمل لصياغة الإنتاج، في قلب العبارات وقالب الاعتبارات.

الكتابة علاج شاف لمواجهة موجات العشوائية، ومضاد كاف لمجابهة سوءات الفوضوية، فهي ترتيب فكري، وتهذيب أدبي، يعلو بالقيمة، ويرتفع بالمهمة، نحو درجات الأثر ومراتب التأثير.

من الكتابة تعلمنا أولى خطوات الفلاح، وركضنا في ميادين النجاح وصولا إلى مضامين التفوق، في اكتمال لمراحل التعلم وامتثال لمحافل التعليم، ووسط اتجاهاتها تشربنا الثقافة، وبين موجهاتها تذوقنا الأدب، لتظل الرابط بين الإدراك والمدارك والدافع والمنافع والسلوك والمسلك والاستدلال والدليل والتخطيط والنتائج والتنافس والانتصار.

دروس الكتابة مناهج تكاد ترى بالبصر، نلوذ بها في زحمة التفكر، ونأوي إليها في مزاحمة التفكير، فتأتي إلينا الكلمات لتسقى جدب الجهل وتسطر مشهد الفعل.

للكتابة حالات ومقامات ومسالك، تجعلها في حراك للذهن، وإدراك للمعنى، ينقلك من التردد إلى الثبات، ومن الانتظار إلى الاختيار، ويجعلك في شعور مثالي بين المثير والاستجابة.

أنتجت الكتابة المعاجم والموسوعات والكتب وخرجت العلماء والأدباء والعباقرة، لتكون المنصة المثلى في شيوع المعارف، وسطوع المشارف وتظل الحصة الأعلى في أرصدة التعلم والتدبر والتفكر.

الثقافة بين الانتماء والادعاء

الثقافة مفهوم نوعي ومعنى نخبوي، يقتضي الشروط ويحتم التدقيق ويرتهن للمهنية ويركن إلى الاحترافية.. ويشترط الخبرة ويحتم الإنتاج ويسترعي الجودة ويستدعي الإجادة.

ومن المنطق المعرفي والمنطلق الاحترافي، أن تبقى مساحات الحرف وساحات الكلمة، في مأمن من الفضول ومعزل عن التطفل، حتى تسمى الأسماء بمسمياتها، وتنتمي العناصر إلى مجموعاتها، ولتظل هنالك حدود وفواصل وعوازل بين معاني الاستحقاق ومهازل النفاق، لننقي المهنية من شوائب الجاهلين، ونصفي المنطقية من ترهات المتطفلين.

منذ سنوات صادفنا مجموعات من الساذجين الذين اقتحموا أسوار الإعلام، فوجدنا الشاعر النبطي إعلامياً، والمرشد الطلابي محرراً، ومدير المدرسة مديرَ تحرير، والمنشد رئيس تحرير، وواجهنا كتائب تتبجح بالتهريج وتصدح بالترويج، مطلقين على أنفسهم المسميات المجانية، وهم لا يعلمون أنهم في دائرة الإدانة الكاملة، التي تستوجب العقوبة المتكاملة، حتى نحارب الجهل ونوظف الرقي ونؤسس على المنطق.

عندما تم تضييق الخناق على مشاهير السخف وملاحقتهم لتطهير الإعلام منهم، ظهروا في جبهة مماثلة، حيث وقف المصابون بالرجعية، والمبتلون بالعنجهية منهم، منتظرين دورهم في قطار العشوائية، وفي محطات الفوضوية، ليكشفوا عن تزييف مخجل؛ يقدّم هذا مثقفاً وذاك أديباً، وتجدهم يملؤون تعريفاتهم بالشاعر والقاص والروائي والناقد والمسرحي وغيرها من الألقاب، التي جعلت الثقافة في أزمة بين الانتماء والادعاء.

الثقافة اسم جامع يشترط مقومات نوعية ومقامات حتمية، تحدد وسائل الانتماء إليها في ظل شروط لا تقبل التأويل، ولا ترتجي التطبيل، وفق إنتاج مقرون بالأدوات التي يمتلكها كل إنسان ينتمي لهذا الكيان، وفي حين النقص والخلل في تحقيق النصاب الكامل من المهارات والنصيب المتكامل من الخبرات، فإن المسألة تتحول إلى عملية سطو على قيمة المعنى وتزوير في هوية المفهوم.

الثقافة المقترنة بالفنون الأدبية، تقتضي تثقيفاً ذاتياً بأهمية الارتباط بها، من حيث الإنتاج المعتمد على المهارة والموهبة، والإتقان والاستنتاج؛ المستند على القراءة والنقد والتحليل، حتى تتكامل رؤية التقييم لمن يستحق المسمى، وحتمية التعتيم على من لا ينتمي للمشهد.

انتحال الثقافة قضية مؤرقة، يُدان فيها جاهلون ويتورط فيها فاشلون، وقعوا ضحية سذاجة للذات وحاجة للإثبات، وهم لا يملكون المؤهل الأدبي، ولم يخضعوا للتأهيل الثقافي، الذي يجعلهم في مضمار الركض في هذا الميدان، الذي يحتاج أنفاساً طويلة خلف لواء التنافس، وتحت راية التباين وصولاً إلى معايير الانتصار.

ممارسة الثقافة سلوك إنساني بالمقام الأول، ومسلك حضاري بالالتزام الأمثل للحضور في مواطن الاحتراف والنهل من منابع الإبداع، لصنع المنتج الأدبي وإخضاعه للمشاركة والتشارك بحثاً عن مقعد مستحق، في منصات الأدب بمعيار الفرق، الذي سيصنع مع الوقت اقتدار الفارق.

الدخلاء كثر والتصفية تستلزم حساً ثقافياً وإحساسا أدبيا ونبراساً معرفياً، يمنع التعدي على الثقافة والتجاوز على الأدب، للمضي قدماً في ضبط لصوص الكلمات وسارقي العبارات ومنتحلي الصفات، ووقف سوءاتهم التي غيرت رداء السواء ولطخته بسوء المسلك.

هنالك من يدعي أنه مثقف، ويلجأ إلى التحايل لتمرير الأباطيل، ويرتدي قناع الأدب بحثاً عن موقع بين المثقفين، وممارسة للزيف، لصناعة الاحتيال المبرمج سلفاً، القاضي باللجوء إلى الاعتراض والإمعان في الاختلاف، والعزف على وتر النقاش العشوائي، واللعب على حبال الجدال الفوضوي، حتى يوهم الصامتين أنه صاحب رأي ومالك قول، لكن لو أن مثقفاً حقيقياً حاصره بسؤال ثقافي أو استفسار أدبي لانكشف أمره أمام الآخرين في أول اختبار.

الثقافة انتماء بين المثقف وهويته ونماء بين المنتج وغايته، وعطاء من عمق الاطلاع إلى أفق الإبداع.. تظل منتجاتها تحت مجهر النقد وتبقى استنتاجاتها وفق جهر الحياد، لذا فإن الادعاء في محيطها سقوط حتمي، وفشل صارخ، لكل من ارتبط بها من باب الحيل، وترابط معها من حيث التوهم.. وفي النهاية قد علم كل أناس مشربهم، فالتخصص مطلب والاختصاص ضرورة.

لصوص الثقافة وفقراء الذوق

تتربع الثقافة على عرش الذائقة البشرية، وتعتلى منصة التذوق الإنساني، منها تشع كل اتجاهات المعرفة، وفيها تنبع كل إبداعات الأدب.

تسمو المجتمعات وترتقي بحجم إنتاجها الثقافي.. ولو تعمقنا في التاريخ وولجنا إلى التراث لوجدنا أن الثقافة ميزان رقي، وكفة ارتقاء، وقد كان الشعر في عصور مضت منتج بذخ للرثاء والمديح والعاطفة والألم والوصف والخطابة والحصافة والفصاحة، وظل منهجاً تعليمياً استخرجت من أبياته كنوز النقد ونفائس البلاغة وجواهر البحث.. وظل الفن الأدبي الأول؛ الذي وحد مقامات النظم وحدد استقامات اللفظ وبدد انتكاسات الاجتهاد، ليطل بعذوبته ويحل بذائقته مستوطناً بلاط الحكام معتلياً منابر الحكماء، منهياً معاناة المظلومين، مختصراً خطابات الشعوب.

جاءت بعده فنون القصة والرواية والنثر، التي هطلت كالمطر على أرض جدباء، تشبثت بالتلقين والعلوم المدرسية الروتينية، ليظل الأدب واحة غناء يرتمي فيها الباحثون عن الجمال، واللاهثون خلف الامتثال، وصولا إلى إنعاش النفس بذوق الكلمة، وانتعاش الروح

بتذوق المفردة، والبحث عن فلسفة تبرمج السلوك إلى عبارات واعتبارات؛ عنوانها المهارة وتفاصيلها الإبداع ونتاجها الإمتاع.

ولو تمعنا في أهمية الثقافة؛ سنجد أن أوروبا انتقلت من عصورها المظلمة الغارقة في المظالم، إلى انفتاح ثقافي مذهل وسريع، صنعه فلاسفة الإغريق والرومان الذين ربطوا بين الأدب والفلسفة، فكان إنتاجهم نخبوياً ودفعوا ثمن الحضارة والمقاومة بالسجن والتهجير والنفي، ولكنهم حولوا الأدب إلى منصة دفاعية، قاومت سلاطين الاستبداد وكافحت مضامين القمع، ليأتي جيل ذهبي ذكي، انطلق من حيث انتهى سابقوه، حيث أسس للمشاهد الثقافية صروحاً سامقة، أنتجت مئات المنتجات الأدبية التي وصلت إلى كل قارات العالم، في حلل مترجمة تنوعت بين القصص والروايات وحولت الظلام الاستبدادي البائس والديكتاتورية المقيتة، إلى تنوير بإشعاع الأدب وتطوير بسطوع الثقافة.

وظلت دوائر الثقافة في تنافس على خارطة العالم عبر مراحل تاريخية، وحقب سياسية ومحطات حياتية مختلفة، تفوق فيها العرب في زمن مضى ووصلت آدابهم إلى أقاصي الغرب، واقتحمت مناهجهم، فغيروا نظرتهم وحولوا وجهتهم إلى البحث عن الإرث العربي، في مجلدات الشعراء ومساجلات الأدباء، حتى إن الحروب الصليبية والهجمات البربرية، كانت تستهدف المكتبات ومواقع المعرفة، لسرقة الإنتاج الأدبي، وتدمير البنى التحتية الثقافية، للقضاء عليها بوصفها وسائل أبدية ومستديمة للنجاح والتفوق.

للإنتاج الأدبي والثقافي حقوق وملكيات وأسوار؛ ممنوع الاقتراب

منها أو تجاوزها؛ مكفولة بملكية فكرية فردية لصاحب ومالك المنتج، في كل الفنون والمتون والشؤون، وقد شاهدنا كثيراً وسمعنا أكثر، وعايشنا الوقائع وتشربنا الحقائق؛ من سرقات لبست رداء الاحتيال، وسرقت النصوص، وسطت على العبارات، وغيرت الاقتباسات وصادرت الخصوصيات ووضعت البصمات السوداء المقيتة على حصيلة السطو والسرقة، مجيرة بأسمائهم البائسة ومذيلة بتواقيعهم المرتعشة.

هؤلاء اللصوص بيننا؛ وهم جزء من أعداء الفكر الثقافي، ومن زبائن الوهم الأدبي، ومن سدنة الاعتداء الفكري، وقد تفاجأ العديد من المثقفين بحبائل مكرهم ومصائد حيلهم، حيث سطوا على حقوق الغير ومؤلفات الآخرين، وما أعظمها من سرقة، تصل فيها دناءة النية ورداءة السلوك إلى التعدي على قصائد أو نصوص أو مقالات أو عبارات أو اعتبارات، ليست من أفكارهم ولا تنتمي إليهم ولا ينتمون إليها ولا يرتبطون بها، وما أجبن فعلهم؛ حين يتفوهون في محفل بما ليس من إنتاجهم؛ أو يسطرونه في منصة.

هنالك ضوابط وقوانين وأنظمة في معظم البلدان، تضمن عدم المساس بحقوق الآخرين الأدبية، ولكن المخجل والمؤلم أنها لم تردع هؤلاء الخونة عن ممارسة سرقاتهم، ومواصلة الاحترافية في تغيير خطط السرقات الأدبية، بقص غير كامل ونسخ غير مكتمل، أو بتبريرات تدعو للسخرية عن تشابه الأفكار، أو أعذار مؤسفة تزيد الأمر سوءاً واستياءً.

الثقافة معنى احترافي ومغنم معرفي، خاضع لأصول أخلاقية

ونابع من أسس أدبية، يجب حمايته من هجمات اللصوص، وتنقيته من غارات السارقين ووضع النصوص في حصون مشيدة من الأمان، في كنف صاحبها وقائلها ومؤلفها وكاتبها، وفي عقر داره، لأنها هديته وعطاءه إلى مجتمعه وعالمه وكيانه، وأتمنى أن نرى تشهيراً يردع المتورطين في السرقة، وتجريماً يؤدب المدانين في السطو.. ولتكن ثقافتنا عصية مستعصية على حرامية الأدب وفقراء الذوق وعديمي الذمة.

الاستشفاء بالثقافة

تشكل القراءة والكتابة وجهان أصيلان للثقافة، ومحركان رئيسيان للوعي، وركنان أساسيان للفكر.. لذا فإن الارتهان إليهما وجود في حضرة الحياة، والركون نحوهما تواجد في ضيافة الأدب.

تتشكل الثقافة عبر القراءة والكتابة في قوالب متعددة، ترفع مستوى التفكر وتنمي مجالات التدبر، وصولا إلى الظفر بمغانم التطوير، والفوز بغنائم الابتكار، لصناعة الغد المشرق وصياغة المستقبل المبهج.

الثقافة علاج ناجع يقضي على أورام التخلف، ويشفي من عوارض الجهل ويرفع معدل المناعة النفسية، ويقضي على مخططات الرجعية، ومصالح الذات، ويصادر أنانية الطمع، ويردم فجوات الفوضى ويعالج سوءات الغفلة.

الاستشفاء بالثقافة وسيلة سريعة لإراحة العقول من الجدال، وإزاحة العوائق من طرق الحلول للسير بأمان على درب خال من شوائب الجدل، والمضي باطمئنان على سطح صاف من رواسب النقاش تحقيقاً لأسمى أهداف الحوار، بين الأطراف الإنسانية

التي تؤمن بمبدأ التهذيب، ومعنى التأدب المستند على ثقافة تكتمل موجهاتها بالقراءة والكتابة.

يقضي العديد من المتعبين نفسيا والمنهكين اجتماعيا، أوقات ضائعة بين المصحات والعيادات بحثاً عن جرعة دوائية افتراضية تخضع المخ لحالة مؤقتة من الاستقرار وترضخ النفس لفرضية مؤجلة من التشافي، فيما يكمن العلاج في الكشف عن مكامن الخلل، ومواضع الفشل في الداخل، لانتشال الشخص من قبو ذاكرة مظلم، وإشباع الذات ببشائر الثقافة، عن طريق تغيير الشخصية وتعديل السلوك.

سيطرة النوائب، تزعزع النفس وتهاجم الروح، وتستوطن الأفئدة والقلوب، وترسم كل الملامح المتألمة بخطوط حزينة، ومعالم باهتة، تغير وجه الحياة الجميل، وتشوه منظر السعادة، وتبدل مشهد العيش، فإذا وقعت الحادثة وتعالت صرخات الويل وتجلت صيحات الألم، تأتي الثقافة كرادع مباشر، وعتاد حاضر، يؤجل الأنين ويؤخر الحزن، وتحضر كخط دفاع أول، ضد المحن ومضاد أمثل أمام البلاء.

يرى كثير من الناس الثقافة حصاداً يجنيه من خلال أنشطته ومشاركاته وأعماله المرتبطة بالإبداع، وضيافته المقترنة بالمنصات وانتصاراته المحفوفة بالجوائز، لتبقى في هذا الإطار مفهوما ارتداديا، يضع بين صاحبها وبين نفع الآخرين عوازل، لعدم استغلالها في صلاح المجتمع وفي نجاح المهام.

وجدت من خلال تجارب لي مع مرضى أشرفت على علاجهم وتقديم العلاج النفسي والسلوكي لهم، في عدة جلسات، أن رفع

مستوى الثقافة لدى المريض يزرع الطمأنينة في نفسه، ويرسم له كل معاني الثقة، ويجعله على موعد مع النجاة، فكلما ازدادت معدلات الاستيعاب والفهم وارتفعت مستويات النضج الثقافي من خلال أنشطة معينة قوامها القراءة والكتابة، تتجه النتائج إلى مؤشرات مؤكدة وحقائق واعدة من الشفاء والتعافي.

الثقافة مسلك متوفر ومتاح ومهيأ للجميع وحق للكل مكفول بدافعية البحث عن هذا المفهوم، والانغماس في اتجاهاته وصولاً إلى القناعة الأبدية بكفاءة التغير، في سبيل مواجهة المتغيرات والارتكاز على منطلقات العلم والتعلم، والاشتراك في كل محافل الأدب التي من شأنها كتابة نصوص الفرح وتجهيز جوائز البشرى.

الحياة تجارب وصراعات، تحتم علينا السير في اتجاهات متاحة ومحاولة فتح أبواب جديدة، وإغلاق أخرى، وتفرض الغوص في أعماق التجديد والإبحار في محيطات المعرفة، والتسلل إلى حدود المجهول، واللوذ بالثقافة والصداقة مع الكتب، واللباقة مع الآخرين.

الاستشفاء بالثقافة.. فكرة واقتراح ومطلب نحو مناعة وصحة نفسية تواجه المتاعب وتصنع الشفاء، وتمنع الداء وتصف الدواء، وتضع أسساً وأصولاً لمجال جديد من التطوير السلوكي للشخصية، والتطور العلاجي للنفس.

بصائر الثقافة ومصائر المعرفة

العلاقة بين التمني والانتماء رابطة وجودية.. تتعلق بكينونة الإنسان وكيان البشر.. في ظل تباعد الشعور بين التوقع والواقع.. وعندما يرتبط الأمر بالثقافة فإن هذه الحالة مرحلة من اندماج السلوك بالمسلك.. ودمج الإحساس بالاستئناس في ترابط يمثل دهرين من التعايش، أحدهما للثبات والآخر للتحول.

الإنسان بطبيعته الماكثة في عمق الفطرة، والثاوية في أصل البراءة، التي لم تلوثها شوائب محطات العمر، في مراحل حياتية لاحقة، يميل إلى الثقافة كعنصر من عناصر التعلم والتبصر والتفكر والتدبر، وهي سمات إنسانية تبدأ مع الفرد منذ لحظات التمييز الأولى، ومع إضاءات التحفيز المثلى، والتي تتجلى بوادرها منذ تعلمه حروف الهجاء، واستعلامه عن وصوف الكتابة.

للإنسان مع الثقافة اتجاهات عدة، فهنالك من ورث الثقافة من أجواء عائلية أو مواريث أسرية.. فترجح كفة التربية الأدبية لديه، لتكون نوعاً من الاكتساب الأسري وتتعالى صفة التنشئة الثقافية، لتشكل وقعاً من الكسب الاجتماعي.. فتتشكل الشخصية الثقافية، ويبدأ

المشروع الثقافي البشري، في تحديد اتجاهاته منذ الطفولة، الأمر الذي يحدد هوية عمر بأكملها، يكون فيها الأدب ثمناً للنجاح والمعرفة سبيلاً إلى التأثير.. وصولاً إلى المأمول والمرتجى.

وهنالك من تتجه آماله وأمنياته وأحلامه إلى صياغة ملامح ملامح هويته الذاتية، لتقترب من الثقافة وفق المعطيات الشخصية والمهارات المعرفية، والمؤشرات التي توفرها مسارات التعليم ودروب التعلم، فيظل الإنسان حينها كائناً مكافحاً، يبحث عن كيان مأمول، فتأتي العزيمة كرهانٍ رابح، للظفر بالأمنية الواعدة، والتي تتبلور في هيئة ثقافية، تبرز دور الأمنيات الواقعية في صناعة الحقائق المتوقعة.

تشكل العادة لدى المثقف وجهاً من وجوه الارتياح، وتمثل الطقوس مواد مكونة لإنتاج الأماني المرتبطة بالبحث عن المعرفة، واللهاث وراء الثقافة واللوذ بالأدب والتشبث بالكلمة، والإعجاب بالحرف والاستمتاع بالعبارة، والدهشة باللفظ والرضوخ للإبداع والتسلي بالنص والتغني بالكتابة، والتمعن في المتن، مما يخلق لدينا منظومة من أبعاد الإحساس النفسي والحس السلوكي بالثقافة.

للثقافة بصائر عدة، تكبر مع الإنسان المسكون بها، فنجده جائلاً بين فصول المعارف، مائلاً نحو أصول المشارف، التي تعيده لأصل كينونته الأصلية التي تبحث عن الإجابات لإشباع غرور الفضول الموضوعي، القائم على حب الاستطلاع وعشق الاطلاع، وصولاً إلى تشكيل السلوك الثقافي في القول والفعل وسط الالتزام أصيل برقي التساؤل واحترام نبيل لوعي التكامل.

تنمو بصائر الإنسان وتعلو وتتسامى متى ما كان صديقا للكتاب

ورفيقاً للقلم وقريناً للقراءة، التي تعد أدوات مثالية لصياغة مشروع المثقف، وينابيع باذخة لسقاية فكر الأديب، ومن ذلك تبدأ أولى خطوات الدرب الجميل الموصل إلى بر الإمتاع والمؤدي إلى شاطئ الإبداع.

هنالك فرق شاسع وبون واسع بين إنسان ارتبط بالثقافة وجدانياً وفكرياً وسلوكياً، وآخرَ اتخذها غطاءً، لتلميع شخصيته أو تبجيل ذاته.. شتان ما بين الحالتين، فالأولى شخصية واءمت بين المفهوم والسلوك وتعايشت معهما، في حالة شعورية من الحس المعنوي والإحساس الذاتي، اللذين يكون نتاجهما الفكر، أما الثانية فلا تعدو سوى التباس بين التخيل والواقع، يكون دوماً في المجال المؤقت، الذي لا يلبث أن يظهر الزيف..

تسهم الثقافة في تحديد مصائر الإنسان نحو النهل من معين المعارف، بمقادير تشبع الروح وتغذي النفس، حتى يمتلئ الوجدان بغنائم البحث ومغانم النقاش، وصولاً إلى تحقيق الأهداف المرتبطة، ببصائر أولى، بدأت بالتجلي في سماء الارتباط بين الأمنية والمهمة، ونمت في ظل رعاية خاصة لاحترام الحرفة وتقدير المعرفة.

تتكامل بصائر الثقافة مع مصائر المعرفة، في تضامن يصنعه الإنسان الواعي المثقف، الذي اتخذ من الإبحار في عوالم الأدب والتنقيب في خزائن الوعي، سبيلاً إلى تحقيق المراد، وتوظيف السداد في رسم خارطة المستقبل، بخطوط واضحة المعالم في متون الأثر وشؤون التأثير.

مخاطر الوهم.. وأمراض النفس

يظل صوت الحقيقة الصدى الأجمل لتزكية النفوس، والمدى الأمثل لتنقية الأرواح.. حيث يملأ الشخصية بكل اتجاهات الواقعية، وجميع موجهات المصداقية، للوصول إلى العيش تحت ظل الصدق والحق.

تهاجم تشكيلات الوهم وأسراب التوهم، النفس الإنسانية، فترميها في قبو مظلم من الغرور، وقاع بائس من الأنانية، وتحيطها بشراك النرجسية وتسجنها في إطارات العزة المرضية، فتظل حبيسة للافتراض وسجينة للتكهن، فترمي صاحبها ومتبعها في براثن السوء.

منذ أن خلق الله عز وجل البشر، ظلت الصراعات نزعات إنسانية، والمجادلات نزغات شيطانية، شوهت وجه الحقائق، وسودت بياض السرائر، فتعالت صيحات الأنا وطغت صرخات التعالي، فتشكلت دوائر النزاع وتكونت مكامن الخلاف.

عندما يسيطر الوهم على شخصية الإنسان، فإنه يقحمه في لبس رداء ذاتي، خارج مقاسات الواقع، وفوق معطيات المنطق، فتجده شخصاً مريضاً بالتوهم، مزعزع الثقة فوضوي الرد، غوغائي التعامل، عشوائي التعايش.

صنع الوهم لدينا شخصيات مريضة، فرغت شحناتها النفسية في مؤثرات ووجهت ويلاتها الذاتية في تأثيرات، فدخلت دائرة الشر، وتقمصت أدوار الاحتيال، ولبست أوهام الزيف على أرض الوقائع.

تعد الأوهام من أسوأ الاضطرابات، التي تهاجم النفس وهي متعددة ومتشعبة، ولكن أسوأها ما يتعلق بالذات، فكم من شخص استوطن الوهم نفسَه، فسقط في سوءات الفشل، ووقع في متاهات الباطل.. وكم من فرد استسلم لوهم ذاتي، أدخله في شراء ذمم الآخرين، وفي توجيه سهام الغيبة والنميمة، حتى أصابت ضحايا في مقتل البراءة.

ليس هذا فحسب، بل إن الوهم يصنع شباك فرضياته على العقول، فيُدخل المستسلمين لادعاءاته، والخاضعين لترهاته، في غيابات الأخطاء، ويرميهم في غياهب السلبيات، فتتشكل قطبية محزنة من الإساءة للنفس والغير، في قالب المعاملات وقلب التعاملات.

الوهم أمر خطير، تصنعه النقاشات العابرة، التي لم يلق لها الإنسان بالاً وتشكله الصراعات المفاجئة، التي لم يجد لها الشخص حلّاً، فيظل رهيناً لتلك العواصف التي كان العقل كفيلاً بمواجهتها، والفكر دليلاً لطردها، مع أهمية إخضاع كل التجارب إلى المعطيات والمؤشرات، بحثاً عن طرق التأكيد، بعيداً عن الاجتهادات الخاصة أو الافتراضات المحتملة.

بين الوهم والمرض النفسي؛ ارتباط وثيق، وترابط أوثق، لمهاجمة المناعة النفسية ومحاولة اقتحام مسارات الظنون، للإقامة فيها، وتحويلها إلى تأكيدات وفتح أبواب الاحتمال أمام الأفكار السلبية، وتبديلها إلى معطيات في محاولة بائسة لصناعة الافتراض،

وصياغة التكهن، بأساليب تتحول إلى اضطراب شخصي في النفس وتضارب سلوكي نحو الغير.

يحاول المبتلون بعقد النقص، البحث عن إكمال نواقص أنفسهم؛ بالارتماء في وحل الوهم، حتى يلطخوا السريرة الموجهة بأمر التوجيه العقلي، بوهم يعاكس الواقعية، وما إن يستمروا في هذا السقوط المعلن من جهة الشخصية المضطربة والاستجابات الخاطئة؛ حتى تزداد حالتهم سوءاً من جانبي إدارة الذات وتعديل السلوك، وهم لا يعلمون أن الحل الشافي يكمن في الخروج من مأزق العزة بالخطأ، والنجاة من معتقل الاعتزاز بالباطل، حتى ينقوا ذواتهم من الأوهام الدخيلة، التي تحول الشخص إلى أداة لهدم نفسه، والمحيط الاجتماعي الذي يعيش فيه، سواء كان في إطار حياتي أو مجال عملي.

بين مخاطر الوهم وأمراض النفس، تكمن قضية هامة، يجب أن تراعى فيها الأسباب، وأن ينظر فيها إلى المعطيات والعطايا، وعلى كل من تعرض للوهم أو صادف هجومه أن يكون واعياً، ليمنع تغيير الشخصية وتحميلها فوق طبيعتها، مما يجلب المرض ويخلف الاضطراب ويسبب الشتات.

يجب مواجهة الوهم على مستوى الذات، وسبل التعامل، بالحرب عليه ووأد مخططاته وهزيمة فرضياته، للعيش في أمن نفسي وأمان سلوكي، يعتمد على الثبات ويسمو إلى الإثبات بعيداً عن مخالفة الواقع.

الإنسان بين الغايات والنهايات

منذ تلك اللحظة الأولى التي تدوي فيها صرخة الميلاد، حتى الشهقة الأخيرة؛ التي تعلن فيها نهاية الحياة، يسير الإنسان بين قطبين من خطوة الانطلاق إلى حظوة الوصول؛ مظللاً بقدر إلهي مكتوب، يتراوح بين أسباب مهيأة ومسببات مطلوبة، ليكون بين مصيرين؛ إما النجاح، وإما الفشل، وبينهما دروب ضبابية تبقى في حيز السعي حتى حين!

لكل إنسان في حياته مطالب ومتطلبات، يضعها في غاية مأمولة، ويسعى إليها بوسيلة معلومة.. تؤرقه المحاولات ويخيفه التوجس، ويهزمه الإحباط، ويظل في صراع مع صوت داخلي؛ علني، يصرخ للحصول على المبتغى، ويتكرر للمثول أمام المرتجى.. فيظل في حالة فكرية ومرحلة حياتية، تمضي به نحو الانتصار أو الانكسار.

لكل إنسان غاية، ولكل مهمة نهاية، تقتضي التعب، وتستوجب الجهد، وتحتم الاجتهاد، لتكون الحياة منظومة من الأمنيات المرتبطة بحاجات أساسية، والآمال المترابطة باحتياجات ضرورية، وفي ذلك تتباين شخصيات البشر، بين مكافحين لنيل المطلب، ومنافحين

لتجاوز العائق، ومحبطين أمام التردد، ويائسين من الفوز، فتتفاوت النتائج، بين تعدي العقبات وتجاوز السقطات، واجتياز العثرات واستغلال المعطيات وصناعة المنجزات.

في دروب الحياة العديد من التحديات، التي تتشكل في هيئة مقومات، تساعد الإنسان في تحقيق أمنياته، وتتهيأ في صورة مقامات، تجذب الشخص لتوظيف مطالبه، في مراحل عمرية مختلفة، يتدخل فيها العقل الإنساني كمظلة رئيسية لإدارة الجوارح نحو تحقيق المطامح.

يتعلم الطفل في سنوات العمر الخمسة الأولى؛ إبعاد المحيط الاجتماعي، ويتجاذب في عاميه الأول والثاني، مع مسميات ترسم أول خارطة للكلام في مسارات التعلم، فتتحول اللهجة إلى منطلق، يبرمج سلوك التعاطي مع المقربين منه، في محيط الأسرة، فتتكون أولى معاني الغايات، باتجاه جذب الانتباه، وحب الحياة، فتتجلى مظاهر الكينونة الأولى في الشخصية.

تأتي الدراسة، فيحاط التلميذ حينها على مقاعدها؛ بجمع الطلاب ومجمع المدرسين، فتأتي الغاية في التعليم، ثم التحصيل، انتهاءً بالتفوق الذي يسعى إليه من خلال ميوله الشخصي نحو السباق، ثم التقدم ثم الفوز بالمراكز الأولى، في حياة علمية تبقى رهينة للأماني ومرتبطة بالآمال.

يحاط الإنسان بالمجتمع، ويحتاط بالذات في أنانية بائسة أو إنسانية مبهجة، فتختلف درجات البشر، وتتباين مقامات الناس، فتحل المواقف حتمية ماثلة، تصنعها الصدامات مع الآخرين، أو المقارنات

مع الغير، فتتولد غايات النفس بين مسارب الذاتية أو مشارب الموضوعية، التي تفرق بين السواء والسوء، في دوائر من العيش لا تستثني أحداً من حلقاتها المفرغة والمَلْأَى.

لكل أمر من أمور الحياة، نهاية مؤكدة حتى وإن تهرب الإنسان من نتائجها ومصائرها المختلفة.. فالدراسة تنتهي بالنجاح أو الفشل، والزواج يمضي بالاستمرار أو الانفصال، والوظيفة تبدأ بالتعيين وتنتهي بالتقاعد، والجسد يبدأ ضعيفا ثم يقوى حتى يبلغ أشده ثم يرتد إلى أصله الضعيف، والحياة برمتها ومجملها وتفاصيلها؛ تبدأ بالولادة وتنتهي بالممات.. لذا فإن لكل غاية نهاية، سواء خطط لها الشخص أم سار فيها بفطرته وعفويته وحاجته، ليقف إجبارياً أمام خط للتوقف، يمثل مصيراً محتوماً ونصيباً مفروضاً.

في كل شؤون الحياة بمشاغلها وأركانها وأبعادها واتجاهاتها، خطوط مستمرة تتشابك تحت فروض الوقت، وتتقاطع أمام فرضيات القدر، وتتكون فيها محطات العمر في سباق وتوقف وانطلاق وتريث، في مجمل من الظروف والتداعيات والمجالات، التي يشكل فيها الإنسان، عنصراً مشتركاً، وعاملاً مشاركاً، ونقطة ارتكاز وركيزة قياس لرصد الغايات، وفق إملاءات تفرضها تفاصيل النشأة، وتوظفها مفصلات الوسائل وتكملها حتميات الأمنيات، في تسابق إلى حيث النهايات، التي تخادع الزمن تحت وطأة المجهول، وترتهن إلى التوقيت في ظل هيمنة المعلوم.

كل نفس بصيرة بغاياتها، وكل نهاية مقترنة بعقارب الساعة، التي ترتب مواعيد الحضور على أسوار الأقدار.

النفس البشرية.. إعادة تحديث

منذ أن خلق الله هذا الكون والإنسان محور رئيس، لكل الصراعات والنزاعات والنزعات في قوالب سلوكية ومطالب حياتية، تنطلق من حتمية الاحتياج إلى ضرورية الإنتاج.

تتشبث النفس البشرية بالسوء، وترتمي في تأنيب اللوم، وتسعى إلى مأمن الاطمئنان وهي بذلك تمضي بين غلبة الأنا ومنطقية الضمير وسلطة النهاية، وقد وصفت في دستورنا العظيم (القرآن الكريم) بأنها نفس أمارة بالسوء في أساسها، ثم نفس لوامة في إعادة التدبر واستعادة التفكر، ومطمئنة في حالة النهاية، التي تعود إلى أصل البداية من العدم، لتكون تحت تدبير المصير، الذي لا يعلمه إلا الله العليم الخبير جل وعلا.

الجهاز النفسي البشري؛ معقد الجزئيات، خاضع لسلطنة الذات، وقابع تحت هيمنة النفس، تمتلئ غرفة عملياته اليومية بمئات التشكيلات من السلوك الافتراضي والمسلك الواقعي، وتتقاطع في رادار رقابته المستمرة، عشرات الوجوه والمواقف والذكريات، ليبقى في حالة من الصراع والنزاع، بين الأفكار والتطبيق، وبين الأماني والتوظيف.

على وقع الصدام والصدمات؛ تعيش النفس متأرجحة بين قوة ذاتية مؤقتة، تظنها دائمة، وهزة خارجية إجبارية، تحسبها غائبة، فتبقى في عزلة عن الثبات والاستقرار، وترتمي في قعر العثرات، محاولة الانتقام من المواقف، فتقوى قليلاً ثم تعود إلى الضعف وسط موجات غير مستقرة، من مد الانهزام وجزر الأقدام.

تظل النفس البشرية رهينة الغفلة، حتى وإن تلقت أوجاع الزمن، فما إن تعتبر حتى تغط في سبات التغافل مرة أخرى، فتتأرجح بين ضربات الظروف وكرب المواجع، وتبقى متباينة الأفعال، بين توجس محتمل ودفاع مهمل.

من التجارب التي تمضي بالنفس بين مشارب الصبر ومسارب العبر ومآرب الجبر؛ تأتي النتائج في هيئة اعتبار بالمعاني، وانتصار للذات، أو عزة بالأهداف واعتزاز بالأنا، فتستكين إلى اعتزال المؤثرات واختزال المصائر.

تتدخل الميول والاتجاهات والقيم والتنشئة والتربية، في تشكيل خارطة التكيف مع العواقب، التي تجتاح ميادين النفس، وتقتحم خصائص الذات، فتتحد معالم المصير بين رضا واقعي أو قنوط متوقع.

تتعامد التأثيرات على أرضية مستوية من اليقين، لدى أصحاب الأنفس الشغوفة بالطموح، المسكونة بالإيثار، العطوفة بالآخرين، فتأتي محافل الانتماء للإنسان كبشرى عظيمة، تنثر عبير الفرح، وتنشر أثير البهجة هدية توزع ببذخ في مواطن الحاجة، وتودع بسخاء في أرصدة الإغاثة.

بين جمود الجهل وركود التجاهل، تظل النفس في حالة من الكساد النفسي، ومرحلة من الاعتماد الذاتي، تجعلها في دائرة من الفشل، دافعة ثمن البلادة، في سنوات عمر تنقضي كرقم في الهامش وفراغ في الرصيد.

تغير الحياة وتبدل الحال وتعاقب الأحوال، ديمومة قدرية، لا يستثنى منها أحد، وتبقى النفس البشرية نقطة الارتكاز، التي تنطلق منها أضلاع التعاملات، وأبعاد المواجهات مع التغيرات، في خضم واقع إجباري، وسطو ماض اختياري، ووسط حرية متاحة، لفرض التخطيط ووضع التنفيذ، اللذين يسيران بالإنسان إلى هوية مستقبلية، تحدد ملامح الاستفادة من وقع التأثير، وواقع الأثر.

في ظل المعطيات والمؤشرات، تحتاج النفس البشرية بين حين وآخر، إلى إعادة تحديث لمواجهة معارك التغير، ومواكبة مدارك التدبر وصولا إلى المستوى المفترض من النجاح، وإكمالا للمحتوى المنتظر من الفلاح.. حتى يكون الإنسان عنصر بناء وعامل عطاء، في صناعة المنافع، وصياغة الفوائد في حياته وبعد رحيله.

أسوار الأمنيات وأسرار الذات

لكل إنسان أمنيات، تسكن وجدانه، وتغمر دواخله، تبدأ تفاصيلها منذ دخوله في حيز الإدراك، وتوغله في عمق التفكير، فيرتهن صغيراً إلى الرعاية العائلية، ويركن كبيراً إلى الهوية الذاتية، فيشرع في بناء صروح الاعتمادية، والميل إلى النفس والارتهان إلى الذات، فيبدأ رسم مشاهد الاستقلال الشخصي، التي عادة ما تتشكل في البداية من محاولات، تتجه وتميل إلى قطبية الأخطاء والحماس، وما إن ينضج حتى يبدأ ترتيب أوراقه، والعودة إلى مستويات المنطق.

يرى الإنسان في طفولته أمنياتِه موزعةً بين ميول واتجاهات ومواجهات، فيرسم الخارطة بألوان عديدة، ويخط في بداياته تلك الأمنيات باللون الأخضر، عبر خطوط مستقيمة بحبر البراءة والفطرة، يملؤها التفاؤل ويعمرها اليقين، ثم يكبر قليلاً، فيستغني عن اللون الأخضر باللون الأحمر، الذي يمضي ليرسم المنحنيات والتعرجات وفق مشهد معقد وصعب، فإذا كبر بعدها، قد يحن إلى اللون الأول الذي توج فيه المطالب بالاخضرار، فتصعب عليه استعادة البدايات، وعندما يفشل يتحول إلى مجال الحدود الحمراء المعقدة، التي ترميه في المصاعب، وتجبره على الانهزام، حينها -وفي حالة الضعف

الإنساني الفطري- قد يستعين بقلم أسود عريض، ليمسح كل الخطوط والحدود، فيرتمي في براثن الإحباط وكمائن اليأس.

تغفل الأسر عن إشباع المنتسبين إلى محيطها، بجرعات أساسية من التيقن في مراحل عمرية، تشكل لهم مكمن القوة أو مسقط الضعف، فتتحول أمنياتهم إلى شؤون خارج إطار التوجيه، أو متون داخل اهتمام الشخص، بعيداً عن زرع قيمة السعي وإنبات مهمة الوعي، التي تشكل لكل إنسان دهرين أحدهما للثبات والآخر للتحول.

تتجاهل المدارس اقتناص المواهب، فتتحول كفاءة المهارة، إلى مغنم ضائع، يراوح مكانه ليظل حديثاً عن الأمنيات، كان من الأجدى تحويله إلى حدث من الإنجازات، لنرى إسقاطات الندم طاغية على أحاديث الإنسان، في مراحل نضجه، نتيجة ضياع ذاتي، فشل فيه بسبب معركة غير متكافئة بين الآمال والمصائر.

تأتي مراحل الأعمال؛ فيجد الإنسان نفسه محاطاً بفرق سرية من أعداء النجاح وكتائب مفترية، من سدنة الحسد، فتأتي معارك أخرى تدور رحاها سراً وعلانية تزعزع الاستقرار الوظيفي، وتهزم القرار الشخصي، فيرتمي الإنسان في دوائر سوء رسمت بإتقان مخيف، من زبانية الحقد، فتتحول الأمنيات إلى تداعيات تؤرجح النفس بين العلو والسقوط، بين تشبث بماض تليد، والهروب من حاضر بائس.

الاستعداد تخطيط إنساني، يصنع للإنسان مناعة ذاتية نحو تغيرات العمر ومتغيرات الزمن، فيشكل لديه مقومات التكيف النفسي مع الظروف، والتكييف الشخصي مع التحولات، فتتكون لديه مقاومة

للصدمات ومواجهة التحديات، مع كل ما من شأنه توقيف قطار الأمنيات، أو قرار التوجهات.

للأمنيات أسوار لا بد من تجاوزها إلى واقعية النجاح، عبر مقومات نفسية ومعطيات ذاتية؛ عنوانها التوكل على الله تعالى، وتفاصيلها الاعتماد على النفس، في ظل عطايا يجنيها الإنسان بعلمه وعمله وكفاحه، في شتى اتجاهات البراهين والدلائل المشفوعة بحقائق البصمات الخاصة، التي يكتبها كل إنسان في صفحات حياته وصحائف أعماله.

قد تحول بين الإنسان وأمنياته؛ عوائق وعراقيل، وقد يحصل على أمنية دون تعب، وقد تصعب عليه أخرى؛ رغم نضاله، وقد تنهال عليه أمنيات آخرين، كانوا يرغبونه فيها، وقد تتحول أمنياته التي كان يرجوها، لتكون في متناول الغير، لتأتي الحكمة القدرية في ذلك، وسط محطات أخرى من العمر، قد يتمنى فيها شخص تبدل الأمنيات ويأمل آخر تحول الآمال، ليبقى التوفيق أمراً غيبياً والحظ اقتسام مستور.

تلعب أسرار الذات دوراً عظيماً، في اقتحام أسوار الأمنيات والنزول إلى ميدان الحقائق المرتبطة بالمهارات الفكرية، والمترابطة مع المسارات النفسية، التي من شأنها تحقيق الانتصار على العوائق، والاعتبار بالوقائع، وصولاً إلى توظيف الأهداف وتوصيف الرؤى، لصناعة المستقبل وتحويل العقبات إلى وثبات نحو مراحل جديدة، فالفرص متاحة ما دامت الإنسان ينعم بالحياة.

العدوى السلوكية.. والمناعة النفسية

ثمة فرق بين العدوى والاقتداء.. فالأولى تتعلق بالسلب والخطأ والمرض، والثانية ترتبط بالإيجاب والصواب والصحة. ويعتبر السلوك المؤشر الرئيس والمنبع الأول الذي تتشكل منه شخصية الإنسان، وهو الإنتاج الذي يصدر من الشخص، ويتراوح بين السواء والسوء، وهو حصيلة الاستجابات والمثيرات، وعليه تتعامد المؤثرات في نتائج لاحقة، يتوارد منها سلوك قادم في محيط الحياة، وفي دوائر التعامل.

تتشكل الشخصية في السنوات الخمسة الأولى من العمر، وتأتي صرخة الميلاد كأول سلوك إجباري، في حياة الإنسان، خارج حسابات الاستعداد، وتتوالى بعده مظاهر السلوك، في محطات عمر تبقى في خزانة الذاكرة، ويتم الرجوع إليها والاستفادة منها والاعتبار بها، في ميزان ذاتيّ، خارج إطار الموجهات الأخرى؛ القادمة من محيط المجتمع، أو من دائرة البشر.

يحاكي الفرد في طفولته الأسرة، وخصوصاً الوالدين، ليتشرب منهما، سلوكاً معيناً، يتغير تبعاً لجنس المولود، وتظل مناعة الإنسان

في هذه الفترة، في مراحلها الخام، دون استغلال، ولكنها تتجه إلى التشكل، وفق التربية، والتشكيل عبر التنشئة، ويسير فيها الفرد داخل المجال الآمن، حتى بلوغ المدرسة، ما لم يحط خلالها بمؤثرات أو متغيرات أو مشكلات، وإن تعرض لمتاعب أولى في تلك المرحلة؛ فإن الذاكرة ستفتح أول ملفات الخبرات المؤلمة، التي ستظل خطراً يندد بذكرى أولى، تظل في الحيز المؤرق من الحياة.

يمر الإنسان بمحطات العمر.. يحرص ويحمي صحته الجسدية كثيراً، وما إن تمر به أزمة صحية، حتى يلازم السرير، ويراجع الأطباء، وينسى أن لديه جهازاً نفسياً شريكاً مع العضوي في السلامة والصحة والعافية، وأن الأمراض النفسجسمانية أمراض عصرية، تتربص بالجسد من ثغرات النفس، وتحيط بالأعضاء من فجوات السلوك.

يبحث الإنسان كثيراً عن تقوية مناعته الجسدية، وإن تَنْهَرْ يدخلْ في نفق الأمراض والأسقام، ومع ذلك هنالك أسباب وتداعيات تهاجم جهازه النفسي، فيصاب بالمرض النفسي وتحاصره الأعراض الجسدية، فيحتار بين الرقاة والأطباء، ويلجأ إلى غياهب الطب الشعبي، ويختل ميزان ثباته، بين تقلبات النتائج، فيظل أسيراً للمتاعب وقد يدخل في دائرة الوهم، التي قد لا يخرج منها إلا بمعارك طويلة، مع العقاقير والجلسات.

وحين نتحدث عن تلك الأوجاع، التي تهاجم الجسد والنفس معاً، في اشتراك خفي، فإن المسؤول الأول عنها؛ هو السلوك، إذا ما أخذنا بأسباب معينة وروابط مبينة، أدت إلى هذه النتيجة، وإذا ما استعد

الإنسان بتأسيس خط المناعة الأول القوي، أمام ساحات سلوكه، فإنه سينجو من العدوى، التي تنتقل تماماً من فيروسات حياتية، وتهاجم العقل والقلب، وتحاصر النفس والروح، فيرتمي الإنسان في سلوك التقليد أو المحاكاة، فإن كان خاطئاً وقع في متاهات العواقب، وسقط في أقبية الندم، وتعثر في تبعات العاقبة، حتى يتفاجأ بهجمات مفاجئة من الحيرة والإحباط والتوتر والضيق، وقد ينتهي به الأمر إلى دفع الثمن بضياع عمليّ أو صراع اجتماعيّ، يكون نتاجه المرض النفسي، ومصيره الشتات الحياتي.

العدوى السلوكية ظاهرة مؤلمة لم يلقِ لها الناس بالاً، ولم يتلقَّ بها البشر علماً، فظلت جائلة في المجتمعات، تنتقل بسبب التربية أو رفقاء السوء، أو ضعف المناعة الحياتية وتناقص الدفاع النفسي، والذود الذاتي عن بوابات السلوك، فتأتي النتائج مؤلمة، خصوصا في ظل غياب التوجيه، ووسط تغييب الاستعداد لوضع خطط كفيلة لمنع انتقالها ووقف سطوتها، حتى يعيش الإنسان وفق وجهته الخاصة، بعيداً عن السقوط في وحل انتقال وباء سلوكي، يلقي به في غيابات الحسرة.

هنالك تجاهل كبير وتغافل أكبر، صنع سوءات الإهمال بكل تفاصيلها، فأنتج سلوكاً انتقل بالعدوى، وأفرز لنا ظواهر انتشرت دون جدوى. ورغم وجود الخطط وتوفر الاستشارات وظهور الحلول، فإن الحل الرئيسي، يكمن في تقوية خطوط الدفاع الذاتي، من خلال مناعة نفسية قوية، تعزز بشكل دائم من خلال التمعن في تجارب الآخرين، وإمعان النظر في مواقف الغير، للحيلولة دون المساس بالسلوك الفردي، الذي يمثل الإنسان وهو من يجني ثمار نفعه أو أخطار ضرره.

السعادة بين الأثر والتأثير

يتفق البشر بمختلف أصنافهم وأفكارهم وأعراقهم، على أمنية السعادة، والتي تتعدد اتجاهاتها وأبعادها وشروطها، في حين أن القليل منها يملأ قلب المعدوم بالأَضعاف والفائض منها يعمر وجدان المشبع بالاعتراف.

ومن حكمة الله عز وجل في هذا الكون، توزيع النعم بطريقة ربانية مذهلة، قوامها الإعجاز وقيمتها الإنجاز، في ترتيبات محكمة لا يصل البشر إلى فهم تفاصيلها والإلمام بمصائرها.

للسعادة قطبان من الإنتاج والاكتساب، فهنالك من يصنعها للآخرين فينعمون بها وينعم هو بنفعها في صفحة حياته وفي صحيفة حسناته.. فيعم النفع ويشيع الخير ويسمو الفضل ويعلو النبل، في مشاهد إنسانية نبعت من الإيثار ونبتت من التأثير واتجهت إلى الأثر. وهنالك من لديه خلل أزلي في مفهوم السعادة، والدليل أنه يمتلك المال والجاه والسلطان؛ بينما يظل غائبا عن الأثر الحقيقي لهذه النعم، بالنفع بها، فالرفق والرحمة والعطف على عباد الله من أمضى مفاتيح السعادة، والتودد إلى الفقراء والبسطاء بالمعروف بحثٌ ظافرٌ عن

أسرار الطمأنينة، التي تفتح ورود الفرح على أرضية من الرماد، كي يكتشف الإنسان أن السر يكمن في العطاء، ورعاية المكاسب بوفاء الشكر والبذل.

صنع التباعد المالي والتصاعد المجتمعي، فجوة بين السعادة والظفر بمكوناتها بين شرائح المجتمع، فنجد أن فقيراً بسيطاً قد ينام قرير العين، وغنياً متعالياً، قد يسامر سهر الأجفان.

السعادة مكون حياتي ومنطلق بشري ومنبع إنساني، يرسم الابتسام على ثغر الحياة الصامت على الظروف، المشتمل على العوائق، المطبق على الآلام.

للسعادة أبطال وصناع وقادة لا يحتاجون وثائق الدراسات العليا، ولكنهم يعملون من واقع الممارسات العالية بهذه القيمة العظيمة، والتي تجعلهم أكثر حظاً في الوصول إلى السعادة، تبعاً لمضامين ما يقومون به في ميادين الخيرات.

هنالك من يصوغ السعادة في متون الفوائد وشؤون المنافع، فتنعكس بشائرها في الحياة، وتتوزع هداياها في الدنيا، وتتكامل نتائجها في الآخرة، فعامل النظافة الذي يزيل التلوث البصري من أمام أعيننا، يجهز لنا هدايا السرور، بالنظر إلى جمال الأماكن.. والأديب الذي يرصف جسور المعارف، يوفر لنا بشائر الابتهاج بالنهل من منابع الثقافة.. والطبيب الذي يجهز وصفات الدواء، يصنع لنا عطايا الصحة من أصول الوقاية.. والجندي الذي يحرس حدود البلاد، يرسم لنا مزايا الأمان من أسس الوطنية.. وهاهي مراسم نتائجهم تعمر حياتنا وتغمر أيامنا ونحن غافلون عن بشائر هذه

الصناعة الاحترافية، في نشر عبير الفرحة والبهجة في كل مناحي العيش والتعايش.

السعادة منتج مستهدف وإنتاج متاح ونتيجة حتمية، يصنعها النبلاء في دوائر حياتهم ومدارات تعاملاتهم، برسم البسمة على شفاه المحرمين، وبذل المعروف في مخابئ المساكين، وإيداع الإحسان في مصارف المعدمين، فيكونون الأحق بالاقتداء والأدق للاحتذاء في مسالك الحياة، حتى يكونوا نماذج مشرفة في صناعة القيم، وفي صياغة الهمم، وفي إشاعة الحسنى وشيوع المحاسن.

الرحيل قدر محتوم على كل البشر، وحين يأتي يغادر الإنسان الحياة خالي المتاع؛ فارغ الجيب، ويترك وراءه الأثر، ويبقى خلفه الذكر، فمن صنع للآخرين سعادة باقية ـفي إعانة فقير أو إغاثة معدم أو علاج مريض أو إمهال معسرـ ستبقى مآثره مسجلة في متن الاحتفاء، وسينعم بعبير الدعوات، وسيغنم بوافر الصالحات، لأنه أفرح القلوب وجبر الخواطر، وأسعد الأفئدة وسر الأنفس وأبهج الأرواح، بأعمال كانت مؤثرة في قلب الاستذكار، موثقة في قالب الاعتبار.

بين الأثر والتأثير؛ تبقى السعادة البصمة الأنقى، والسمة الأجدى، في تاريخ الإنسان عندما تتحول إلى رصيد مديد، انطلق من الذات واتجه إلى الإثبات، في مضامين حياتية، قاومت الحزن، وأدت الهم وهزمت الغم وصنعت الفرح، ونشرت البشر، وكانت السر الأهم في مواجهة الظروف، ومجابهة المحن، وردع الظروف وصولاً إلى أهم مغانم الحياة، وهي كسب الاحترام واكتساب التقدير والبقاء دوماً في متن العرفان والامتنان.

دورة الزمن.. من سيدفع الثمن؟

يرحل عام بكل تفاصيله وبشتى فواصله، ويأتي عام جديد، سيأتي بكل مغباته وغيبياته.. ونحن في هذه المعادلة الحتمية مسيرون لا مخيرون.. نعيش بين متراجحة الانتظار والأقدار، في درب حياة تظل في حكم الغيب حتى نعيش ما ندرك من أبعادها.

ثمة أسئلة تحضر في الذهن.. وتتبارى في العقل وتتعالى في الذاكرة؛ هل اطلع كل منا على كشف حساب النفس وقائمة رصيد الذات..؟ وكيف كانت النتائج في منظار التقييم وهل تعلمنا من الدروس؟ وهل استفدنا من العبر؟ وهل نحن راضون عن أنفسنا؟ أم محبطون من واقعنا؟ وهل تجاوزنا المحن؟ أم فشلنا في اختبار الزمن..؟

ينتهي عام جنينا فيه من الأفراح، وسقطنا خلاله في الأتراح، وواجهنا فيه العوائق واكتشفنا خلاله الحقائق. أين نقف وكيف نتوقف أمام عقارب الزمان ونبحث عن الاطمئنان في اتجاهات عيش متداخلة وموجهات تعايش متعاقبة..؟ لذا فنحن أمام محطة جديدة، تتجه إلى أيام وليال لا نعلم ماذا تخبئ لنا في ساحات الترتيب أو مساحات المفاجأة، وليس بمقدورنا تحديد ما ستضيف على رصيدنا الحياتي،

ولا تخمين ما سيسحب منه، فكيف إذن نتفاعل مع سير بوصلة الدهر بنا؟ وهل نحن أمام شواطئ الأمان؛ أم قرب مكامن الخذلان؟!

إنها دورة الزمن وثورة الأيام، التي نعيش بين لحظاتها، نحسب الساعات، ونمضي بين إضاءات الصالحات ومتاهات السيئات، ننكص إلى ماض مضى بكل ما فيه، ولكننا لا نزال نحصي التبعات والتداعيات، بدفع ثمن إجباري، خلفته المواقف وتركته السوءات.. ونخضع تحت حاضر حضر بكل ما فيه، ولكننا سنظل نرصد التوجس والمخاوف بوضع حذر اختياري، صنعته المواجع وبرمجته الآلام.

نتحين المستقبل الذي بات محاطا بسياج الحيطة والغفلة معاً، وفق ما تمليه علينا تشكيلات التفكير، أو فرضيات النسيان، ليأتي الضمير معلناً الاستيقاظ، بدوافع الندم أو التستر بمنافع الأنا.

الزمن أيام وأشهر وسنين، تبدأ من لحظات سريعة تتشكل في قوالب دهرية، تأخذنا في أمواج من الظروف، وموجات من المصالح بين مد الخيال وجزر الواقع، في هيئة سلوك بشري، ومسلك إنساني، يأخذ الإنسان إلى أمن النجاح أو خوف الفشل.

يدور الزمن بالإنسان في المدارات والمسارات، فيتباهى بنفسه ويزهو بأمنياته ولا يلبث أن يصطدم بعجز الذات، وحواجز الصعوبات، فيكتشف ضعفه في أول اختبار للصدمات، فيرتمي في قعر المتاعب، ويسقط في جوف المصاعب.. لتأتي الأيام في تشكيلة مغايرة لتوقعات النفس، وتوليفة متغيرة عن وقائع التخمين.

قد تسطو المبالغة كثيراً في نتائج النجاح، فيأتي الاعتزاز الإنساني

مغلفاً بالغرور أحياناً، وبالغطرسة أحايين كثيرة، حتى تأتي تجربة فشل مفاجئة، لتمحو كل مظاهر العزة، التي تجاهلت مضامين الإعانة الإلهية، التي كانت السر العظيم في كل اتجاهات الإنجاز.

يدفع الإنسان الثمن بسنوات عمر انقضت في الفراغ، وكانت مساحة مخجلة للضياع، أو بويلات أسىً توالت وسط الجهل، الذي ظل ساحة متاحة للتخاذل، ويرمي البعض اللوم على الزمن، ويوجه آخرون النقد للحظ، ويأتي نوع ثالث لِيَصِمَ الغير بالتهم، ويسعى صنف أخير لِيدين الغافلين بالتسبب.

تتساقط السنوات من أعمارنا، كأوراق الخريف على أرضية الحياة، ونرى ذكريات الزمن في لوحة تتشكل في عقولنا مع كل ذكرى، وتتكامل في أذهاننا مع كل موقف، لنرى الدروب من ثقب الذاكرة، الذي يحتفظ دوماً بالأصعب، فنحاول دخول معركة حتمية بين أرصدة السراء والضراء؛ وصولاً إلى القناعة النفسية والشفاعة الذاتية بتجاوز المحن واجتياز الفتن.

في دورة الزمن؛ من سيدفع الثمن؟ حتما إنه الإنسان، وفق ضميره ومصيره.. ولا استثناء من ذلك، لأنها حكمة الرحمن جل وعلا التي ظهرت في آفاق الكون جلية، وظلت منهجا للاستفادة منه والإفادة به، في تغيرات المسالك ومتغيرات الأحداث.

سلوك الإنسان بين العرفان والنكران

تحمل الرسائل التقنية يومياً، كمّاً مهولاً من التحذير من النكران والتنكر، والذي فرض أضراره على المجتمع، وألقى بظلاله السلبية على البشر، وقد امتلأت قصص التاريخ البشري بمئات الدلائل المعروفة، على سطوة الناكرين للمعروف في نسيان المواقف وتجاهل الوقفات، وارتبط ذلك بسوء ردّات الفعل، التي تحول الإنسان إلى كائن متبلد الإحساس والشعور، عندما يواجه المعروف بالسوء ويقابل الإحسان بالإساءة.

في عمق المحيا وأفق المعاش، تقتضي صفات الإنسانية، وسمات البشرية ومقتضيات شرعنا الحنيف؛ أن يكون عنواننا مد يد العون، وبسط أكف الإعانة وبذل سبل الإغاثة، لرسم ملامح التعاون في أبهى الحلل، فالكل تحت ظل الرحمن وفي ظلال الرحيم جل وعلا.. ولا يستثنى أحد من الظروف، التي تتنوع بين المادية والحياتية والاجتماعية والمعيشية، وشتى صنوف الاحتياج، الذي رسمه الاجتياح المفاجئ أو الأزلي في مسائل معينة أو أزمات محددة.

البشر في مواجهة المعروف صنفان: صنف يتصف بالعرفان،

ويرفع كفوف الدعاء في ظهر الغيب، ويحتفظ بالفعل الجميل في الجانب المشرق من الإنصاف، والجزء الأبلج من الاعتراف، وصنف آخر؛ يسقط في غي النكران عندما يتباهى بزوال غمته ويزهو بانقضاء حاجته، فينسى الموقف النبيل، ويضعه في قبو التجاهل، ويرميه في حيز النسيان.

من العقل ألا ينتظر صاحب المعروف إشادة أو مجاملة أو تبجيلاً، فالأعمال النبيلة لدى الأكرمين واجبات، والمواقف الأصيلة لدى المحسنين حقوق، ولكن الهدف من ذلك تأسيس مبدأ العرفان، وتأصيل مفهوم الحسنى.. وهذا يقتضي اعتراف الإنسان بفضل أخيه، ومن لا يشكر الناس لا يشكر الله، فالهدف أسمى من مقايضة أمر بأمر، والمعنى المقصود يسعى إلى توظيف معاني المحاسن الإنسانية والقيم الدينية في ترسيخ ثقافة الإنصاف والكرم.

إن شيوع العرفان في المجتمع منطلق رئيسي، ومنبع أساسي، لنثر عبير التعاضد والتكافل، حتى لا تقل المروءة وتتلاشى المنفعة؛ إذ العرفان كفيل بجعل المجتمعات منصات دائمة لتعليم الخير، وعناوين ملهِمة لتصدير السعادة.

الناكرون كثر وهم من قابل سداد العطاء في العمل الإنساني المتوج بالمنافع والمرّوج بالفوائد، بسواد النية، وهم من رسموا خطوط الخطايا مع أنفسهم قبل الآخرين.. وأمعنوا في تغافل جهات الخيرات، لينظروا من زاوية ضيقة، لا يرون فيها سوى أنفسهم وأنانيتهم وتشبثهم بالتنكر البائس، الذي همش وجودهم في مساحة العدل وألغى حضورهم في ساحة الصدق.

أما الماكثون في متون العرفان؛ فهم اللابثون في ثنايا الإنسانية، الماضون في دروب الموضوعية، الذين استشرفوا النبل، واعترفوا بالفضل، فكانوا الحافز البشري والداعم الإنساني، في تمدد الخير وتعدد الدعم، وتجدد الهمم، في مساحات المعروف، وسيبقون سر الحصيلة، التي أنتجت الفضيلة.

يجب أن نشيع ثقافة الأخلاق في ميثاق التواصل الحياتي بين فئات المجتمع، من خلال إشاعة الاعتراف بالفضل، وإنصاف النبل، وأن يكون كل إنسان في مستوى الأصالة، وأمام معيار الثقة، في تعاطيه مع من أسدى إليه معروفاً، أو من قدم له إحساناً، أو من أهدى إليه نصحاً، حتى يكون الوفاء مقياساً، يميز الفاضل ويتوج المتفضل، ومن ارتمى في مغبة النكران وتاه في غمة الخذلان، فسيكون الندم مصيره والتأنيب رفيقه، ولو اعتز بأنانيته واغتر بذاته، وتناسى عمل الآخرين.

البشر معادن، ومن كان أصيلاً فلن يتغير مهما تبدل الزمن وتغير الحال، فالأصل الطيب يبقى صامداً رغم عواصف الظروف، منطلقاً إلى أفق الحياة من عواطف الذات، نحو مشارف المعروف، ومن كان رديئاً فإنه سيصدأ مهما حاول تلميع نفسه أو تأويل رأيه.

بين العرفان والنكران مسافات طويلة، في سلوك الإنسان ومسلك التعامل ومد البصائر وبعد المصائر، فالعرفان أساس لكل الفضائل الصانعة للنقاء، والنكران قعر المسائل المشكلة للجفاء.

صدى الأماكن ومدى الشعور!

الأماكن كخلايا الجسد، تقيم في الأعماق، وتستقيم في الآفاق، وتبقى الصورة الأولى التي انطبعت في الذاكرة؛ الملمح الأبرز الشاهد على العمر، ولو عاد شريط الاستذكار لتعالت أصداء مسقط الرأس وموطن الطفولة، لتكون السر الأوحد في كل مساحات المشاهد المصورة الأخرى.

المكان الأول؛ المستوطن في الذاكرة، هو التشكيل الأكمل، الذي أكمل أضلاع السلوك المبتدئ، وامتثل لإيقاع المسلك البريء، الذي نسج أولى لحظات التماثل الإنساني، بين الطبع والطبيعة، وكتب أجمل معالم التواصل الذاتي، بين التفكير والتدبير.

في كل الاتجاهات؛ تأتي الأماكن لتكون حدثاً، يرتب مواعيد الذاكرة، وحديثاً يشكل محافل المذكرات، لتسمو بنا إلى حيث الوجود الأول، والتواجد الأمثل، على خارطة العمر.

تمثل القرية الصورة الرمزية لعفوية المشهد؛ يقل فيها عبث التقنية، وينخفض وسطها بث العولمة، ويسيطر عليها الاخضرار، الذي يأتي كالسكينة التي تغمر الأرواح، والطمأنينة التي تسكن الأنفس.. تعيش

فيها العصافير بهدوء، عامر بشدو لا يتوقف، وتزينها مسارات فرح، تجعل الأسراب تتراقص طرباً تحت أمن الأجواء، وأمان الأنحاء.. وتكتمل اللوحة التشكيلية ببيوت القدماء، التي تشكل صروح الانتماء في خطوطها وتجاعيدها الملونة، التي تشبه وجوه أصحابها الساكنين في قلب البراءة الماكثين في قالب النقاء. وتشكل المدينة بعداً آخر، يحمل في زواياه الحضارة، ويشكل في مزاياه المدنية، فتبقى لكل مكان هيئته وهيبته وعالمه المحتفي به.

المكان الأول في محطات الحياة، هو المشهد الأمثل في رسوخ النظر، والشاهد المستديم على رضوخ الانتظار، وتحمل صورته في وجدان الإنسان ترميزاً إلى مواسم الفرح منذ الوهلة الأولى للتكامل بين السلوك والحس، والترابط بين الشعور والتعبير في أيام الطفولة الأولى، التي بدأ فيها الطفل يميز الوجوه، ويفرق بين الأماكن، ويرسل مطالبه إلى المحيط.. ثم تتشكل المسالك الحسية بين الأعين والأماكن والزمان، في أول يومي دراسي، تعانقت فيه الأعين مع منظر المدرسة والطلاب والكتاب والسبورة، وكل اتجاهات البصر، مروراً بكل الأبعاد البصرية في محطات العمر، التي ارتبطت بالمواقف أو الذكريات، سواء تلك المؤلمة أو المفرحة؛ القابعة في المنطقة الرمادية، بين قطبي الفرح والحزن، وانتهاءً بآخر صورة للأماكن يحفظها العقل قبل نزع الروح من الجسد.

من الأماكن ذاتها، تتجلى مشاهد الحنين، وتتكون ملامح التفاعل في صور مؤثرات وتأثيرات وتغيرات ومتغيرات، تظل في حركة دائبة بين مد الرضا وجزر الندم، وهي تتداخل في بحر الحياة مع موجات الاقتناع بالسلوك، أو الامتناع عن المسلك، في هيئة نضج

تصنعه محطات العمر، وقيمة نهج تبرمجه تجارب الزمن.

تحتضن الأماكن الذكريات في إطارات تعميق اللحظة أو اختزال الموقف، أو تأجيل القرار، أو توثيق الوقت، فتتشكل الوجوه، وتتكون المواقف، وتكتمل المعاني، فتنضاف إلى الرصيد الزمني أقوال جديدة وأفعال مجربة، تحت سلطة التذكر وسلطنة التفكر.

تلك الأيام التي نعيش في فرضياتها وافتراضاتها، ونتعايش مع أفراحها وأحزانها في ضوء رضا مريح أو قنوط مؤلم؛ وفق التكيف مع الأقدار، ستظل نقاطاً نرسم منها زوايا التعامل، ونمد بينها خطوط التفاعل، بين مؤشرات وأسباب ونتائج، تظل النفس الإنسانية فيها متباينة بين الشعور والاستشعار، لتبنى ردات الفعل نحو المعطيات والعواقب في ظل عقل يفكر وقلب يتدبر، وجوارح تؤسس غرفة عمليات السلوك.

بين صدى الأماكن ومدى الشعور جولات وصولات لا تتوقف، في دروب الدنيا، وتبقى الذاكرة الخط الفاصل بين الاستفادة من التجارب والإفادة من المشارب، لصناعة ميزان الاستقرار؛ بالنهل من الماضي والحاضر نحو صناعة المستقبل.

الدبلوماسية السلوكية

يعيش الكثير من البشر في دوامةٍ وترددٍ وتأرجحٍ بين سلوكي إقدام وأحجام، وتباينٍ في اتخاذ القرار أوان مواجهة الأزمات، أو اعتماد الفرار في منازلة المصاعب، ليبقى الإنسان في صراع مهول، قد يتجه به إلى قطبية التسرع أو التهاون، مما يجعله أسيراً لندم النفس أو تأنيب الضمير.

بدأت قبل أشهر كتابة منهج عن الدبلوماسية السلوكية، ضمن خطة عميقة لخروجه إلى حيز التنفيذ، رغبة مني في وضع أسس جديدة وأصول متجددة، تدعم العلاج النفسي وتآزر المنهاج السلوكي، في سبيل صناعة الأمن للنفس والأمان للذات، في جملة من التعليمات المنهجية والتمارين السلوكية، ركزت من خلالها على تعزيز المناعة النفسية، وصولاً إلى عيش آمن وتعايش مستقر.

يعرف الجميع الدبلوماسية من خلال مفهومها العام والشامل؛ المبني على فن التفاوض والتحاور بين البلدان وفق منظومة السياسة، وقد اتخذت المفهوم لاستخدامه في دراسة الإنسان لسلوكه، ووضع منهجية خاصة لرصد ردات الفعل وإطلاق الاستجابات الصادرة من

غرفة عمليات النفس، وإخضاعها لتفاوض مدروس، يرسم مشاهد السواء في أبهى الصور وأزهى الحلل.

تكتمل الدبلوماسية السلوكية في شروط متعددة؛ أهمها أن يفهم الإنسان السلوك الصادر من الآخرين نحوه، وأن يحلله وأن يتشكل لديه الذكاء النفسي، الذي يتواءم مع الفهم، لإنتاج حصيلة الحكمة، مع أهمية إدارة النفس في ضبط السلوك والاتزان في دراسة ردة الفعل، مع التركيز على الهدوء في اتخاذ سلوك مضاد، واتباع قواعد الإعراض والتجاهل نحو السلوك السلبي.

تصنع الدبلوماسية السلوكية أسواراً من الحماية والأمان على حياة الإنسان، وتوفر له اتجاهات الوقاية من المؤثرات، وتصنع بينه وبين الخلاف مع الآخرين برزخاً يمنع السقوط في قبو الخلافات، أو القنوط من حل المشكلات، بل وتساهم في إبعاد المتضادين في السلوك، أو المختلفين في المسلك، من الاصطدام والتلاقي في دوائر سوء، تنتج الأمراض النفسية، وتخلف العقد الشخصية، وترمي الأطراف في ترهات المشادات، مما يشوه وجه الحياة ويبدد واجهة الرقي.

تسهم الدبلوماسية السلوكية، بوضع الفرد في حيز الاستعداد والتفكير الإيجابي، وفي مستوى راقٍ من الوعي الذاتي، مما يؤدي إلى صناعة الشخصية القوية، التي ستمتلك حتماً مناعة نفسية، ضد أي مؤثر ماضٍ أو حاضر أو مستقبليّ، وبالتالي؛ مجابهة الأمراض النفسية والانتصار على العوائق والعراقيل.

يجب أن تتجه الدبلوماسية السلوكية بالنفس إلى حيث الخير والإحسان، لرسم عطايا التسامح وهدايا الصلاح، وبشائر الفلاح، من

حيث التعامل المثالي مع المواقف والتكامل الأمثل مع التجارب، حتى يتحول الإنسان من خلالها من متلقٍ للصدمة إلى صانع للنصح ومنتج للصفاء مع نفسه وغيره، فالحياة مرة واحدة؛ ولا تتكرر، والرحيل مصير محتوم لكل مخلوق، ولا يبقى وراءه في متن الذكر الحسن إلا المقدم الثمين الذي دفعه الإنسان في حياته، ليجني أرباحه بعد الموت.

وعلى النقيض من ذلك؛ يبرع بعض الموبوئين بالجشع والمبتلين بالطمع، أثناء اللهاث وراء مصالح الدنيا، في استخدام الدبلوماسية في تحقيق الغايات، من خلال سلوك سلبي ومسلك خاطئ، ولكن العاقبة الأكيدة في ذلك مؤلمة، وستأتي في ثمن باهض يدفعه هؤلاء في فشلهم في التعامل مع أي سلوك مضاد، فيسقطون حينها في بؤر الحسرة وقعر الخسارة.

أصعب شيء أن يقع الإنسان ضحية التهور والتسرع وسوء الظن، دون قياس الأمور على حقيقتها، والتماس الأعذار وفق واقعها، فتأتي النتيجة غير متكافئة، بين استقباله للسلوك وإرساله للاستجابة، ليدخل في نفق مظلم بائس؛ مصيره المرض النفسي ونهايته الضياع الذاتي.

في شتى أبعاد الحياة، تأتي الظروف كأقدار حتمية، وتحل الأزمات كوقائع ضرورية، لا تستثني أحداً، وتحل في محيط الخلق كمؤثر، وتظل في أفق الحياة كتأثير. حينها تفرض الدبلوماسية السلوكية المتجهة إلى السواء النماء؛ وجودها، لتكون البلسم الشافي والمبسم الكافي، الذي يزهق ويلات الآلام، ويوقف سوءات الأحزان.

تسهم الدبلوماسية السلوكية في صناعة المناعة النفسية اللازمة، التي تحمي الإنسان من المؤثرات والتأثيرات؛ وصولاً إلى الأمان

النفسي، والأمن السلوكي، والسكينة الذاتية والطمأنينة الشخصية؛ الأمر الذي يرفع مستويات الأخلاق في التعاملات ويصعد بمراكز الوفاق في السلوك.

عبر واعتبار..

- في خضم الحياة؛ ينسى الكثير من البشر أن العزة بالنفس ما هي إلا شعور ذاتي سرعان ما يتلاشى، بمجرد عواصف القدر، أو نوائب الدهر، حينها سيعرف الإنسان حجم ضعفه أمام سلطة ربانية، تختبر بالمحن والفتن لاجتياز مستويات البلاء بالصبر وتجاوز معدلات العطاء بالشكر.

- تحل موجات المرض النفسي بالإنسان، فإن كان مقيماً في محيط أسرة، مكث في حيرة الخجل، واعتزل في محراب الوجل، حتى تداهمه الأوجاع سرّاً، وتنهكه المواجع جهراً، فيظل مستسلما لسطوة البلادة المجتمعية القاضية بوصمه بالمختل، فتزيد مساحة الاختلال لديه، حتى يصل إلى حالة حرجة، وعندما يأتي المحيطون من حرس الرجعية، ليشملوه برعايتهم، يكتشفون أنهم مجرد مرضى، في طوابير الانتظار ينتظرون دورهم ليلحقوا به.. فإلى متى يسود هذا التبلد الاجتماعي المخيف في التعامل مع المرض؟

- تتسمر بعض النماذج البشرية، أمام موجهات التقنية، فيلبسون رداء الوهم، ولا يلبثون حتى يبدلون وجوههم، ويغيرون

ملامحهم؛ إمعاناً في جلب سلوك مفتعل، ليتواءم مع الهيئة المستوردة.. وهم لا يعلمون أنهم يحاربون المنطق، وما إن تداهمهم أحاديث النفس الصادقة والعفوية من دواخلهم، في خلوة النفس أو وحدة الروح؛ حتى يثورون غضباً، فيرتفع عنادهم باتجاه المجهول، أو يمعنون تجاهلاً، ويدخلون في هذا الدرب الغامض، حتى الوصول ذات يوم إلى مرحلة الشك في ذواتهم، ليحتاجوا بعدها سنينَ، حتى يجدوا اليقين في تصرفاتهم.

- بين الحرية والتحرر خط رفيع، يقتضي التمييز بين رغبة الذات ورهبة السوءات، في وقت يجب أن يعود فيه الإنسان إلى مرجعية التنشئة ومنهجيتها، واللوذ بحكمة تسرد مشاهد العواقب بدلائل واضحة وبراهين متجلية، حينها سيجد الإنسان أن الخيار في تغليب الهوية على الهواية.

- تحول بعض أصحاب المصالح تحت ظلال الحيل والأنانية، من باحثين عنها إلى ناصحين بشأنها، لكل من كان لديه ميول أو اتجاه أو محاكاة لنفس الأفعال، بعد أن تبدلت تصرفاتهم، من السلوك إلى العادة؛ ثم إلى التطبع؛ الأمر الذي حولهم إلى خلايا نائمة تتربص بالأتقياء والأوفياء.

- الغضب سلطة الشيطان الوحيدة التي يضعها كسلاح خفي، يصنع به الجريمة ويبرهن به على المصيبة، ويخطط معه للفاجعة.. ولو سألنا كل القابعين خلف القضبان والعائدين من السجون والمحرومين من الاطمئنان، لاتحدوا في تجريمهم للغضب، الذي وضعهم في دائرة السوء، وجعلهم ينسون آدميتهم، وإنسانيتهم، ليقعوا في حبائل التهور ومصائد التدهور.

- لا أعلم من سمى المشاهير بهذا الاسم.. وكيف ضحك عليهم بهذا المسمى.. هم باختصار صناع الحماقة وصاغة السفاهة.. تنبهت لهم المنصات الثقافية والتجارية إلى حد ما!! أما المنابع التربوية فلا تزال شائبة بسبب أتربة أفكارهم المؤثرة، في النشء من خلال المدارس والأسر. وسؤالي: كيف لأسر أن تحمي أبناءها حتى لا يكونوا مشاريع قادمة لسفه خفي وهم يتابعون مثل هؤلاء؟ حتما؛ إنها جناية الغفلة، التي ستضيف عناصر قادمة، في معسكرات الحمقى!

- يعاني الكثير من جيل اليوم من بلادة فكرية، بسبب السيادة التقنية على عقولهم، مما جعل معلوماتهم مضللة، بسبب الإنترنت، وثقافتهم مرتكزة على المصطلحات ومتابعة أخبار النجوم، وحصيلتهم المعرفية، لا تتجاوز المعلومات المعلبة، إذ غابت من محيط اهتمامهم ملكات التفكير والتحليل، وابتعدوا عن القراءة والمعرفة، رغم وجود الدورات والأمسيات والمنصات المتاحة أمامهم للتعلم، إلا أن الأمنيات لا تتجاوز الألواح الإلكترونية البائسة، والحصيلة تنحصر في المعارف المشبوهة.

- يجهل العديد من البشر مقدار النعم الظاهرة؛ فكيف له أن يتشرب معاني النعم الباطنة التي تعد مخزونا عظيماً، من العطايا الربانية..؟ لذا يجب أن يكون هنالك فهم عميق بتفاصيل النعم وأبعادها واتجاهاتها في الظاهر والباطن، وفي السراء والضراء، ليعلم كل إنسان مقدار الخير، الذي ترسمه هذه النعم، لأن الجحود بها والصدود عنها، يسهم في صناعة الجمود الإنساني، الذي ينشئ النكران والخذلان.. فهل من معتبر..؟

- عام أوشك على الانتهاء، كان الأشْهَر في العقود الأخيرة.. شهد فيه العالم البلاء الذي أبان الحجم الحقيقي للبشر، والمستوى الواقعي للإنسان.. تعدلت أمور وتبدلت رؤى وتغيرت أفكار.. هل استفاد الآدميون من هذا الدرس، أم إن الضربة الأولى توقظ، والثانية تستنهض والثالثة تبيد.. وكل شيء عنده بمقدار.

المعرفة والإنسان.. المعنى والسلوك

تجتاح العقل يوميا المئات من محركات البحث الذاتية، التي تحركها المواقف أو الوجوه أو الذكريات أو المشاهد.. فنسترجع الماضي ونخضع الذاكرة إلى استعادة لما مضى، وإعادة لما فات في فصول ومراحل وأبواب، نقف أمامها أحيانا ونتوقف حولها غالباً، ونصمت بشأنها دوماً، فينطلق من داخلنا دوي الندم أو صدى الفرح أو مدى الاعتبار، وتسير الحياة وتمضي مراحل العيش رغم ويلات التأنيب ولاءات الترهيب.

تمثل المعرفة السر الخفي والجهر المعلن، في محطات العمر، فمنها يتعلم الإنسان وفيها يسمو البرهان، وبها يتميز البيان.. فتكون المحرك الأول للانطلاق في كل دروب الحياة، بأنفاس طويلة لجني نفائس أصيلة، من كنوز الفوائد ومن خزائن المنافع.

يجب التفريق بين معرفة جاهزة؛ تعد شرطاً للحصول على التعليم والشهادة والوظيفة -وهذه هي التي جعلت التلقين مقيماً في مدراسنا، ثاوياً في مناهجنا- ومعرفة أخرى مكتسبة، تعد منبعا للوصول إلى الابتكار والتجديد والتطوير.. وهي الموجودة في ثنايا

الكتب والحاضرة في عطايا التفكر، والناضرة في هدايا البحث، ينالها الإنسان بكفاحه الشخصي وهمته الخاصة وذاته الطموحة.

يولد الإنسان على الفطرة، وتظل نقطة عودة مهما مرت السنون، فالطبيعة غالبة، حيث يولد الطفل ضعيفاً، ثم يشتد عوده، ثم تقوى جهوده، فيصل إلى أعلى مستويات القوة في شبابه، ثم يأتي العد التنازلي لينزل إلى فطرته؛ من سلم العمر الذي يأخذ اتجاهين بين الصعود والهبوط.. في كل هذه المنظومة العمرية، تأتي المعرفة كملاذ آمن وملجأ حصين، من مكائد الجهل ومصائد الأخطاء.

تلعب المهارة والموهبة والتربية دورا ثلاثياً مذهلاً في توجيه الرغبات، نحو الأمنيات وتحويل الأحلام إلى المهام، فتدور عجلة الكفاح، وتعلو كلمة النجاح، في دروب القيم ومنصات التقييم.

المعرفة منبع يحتضن في أعماقه كل موجهات العلم، واتجاهات التعلم، تنهل منه البشرية من شتى أنواع المؤلفات وأصناف العلوم، وأبعاد الأبحاث وأسس النقاش، وأصول التحليل.. وهو اليقين الذي نقطع به شكوك الحيرة أمام موجات التساؤلات الخاصة بالإنسان، أو المختصة بالمخلوقات.

عندما يتشرب الإنسان المعرفة؛ لتلامس عمق اهتمامه، وتمس أفق همته، فإنه يتحول إلى كائن منتج، وعنصر مثمر، في معادلة الحياة.. ويكون له إنتاجه وقيمه وقيمته، التي ينطلق منها ليبني صروح الخير، في كل اتجاه في حياته أو مع الآخرين.

يقضي المسكونون بالمعارف جل اهتمامهم، في مصاحبة الكتب، ومرافقة المجلدات والاستئناس برائحة الورق ووقع الأقلام، مما يسهم

في غذاء عقولهم، وعطاء أرواحهم وسخاء فكرهم، فنجدهم بعيدين عن المساحة البائسة؛ المكتظة بتضييع الوقت، وتبديد الزمن، والتي يصنعها البؤساء الغارقون في جدالات الحياة وحيثيات التعامل.

المعرفة تعيد الإنسان إلى سيرته الأولى وسجيته المثلى؛ تطهره من شوائب الجدل وتنقيه من رواسب الجدال؛ تهذب صفاته وترتب أولوياته وتبرمج ذاته، وتنظم مهماته، وتجعله أكثر وعياً بفطرته الماثلة في حيز الصفاء، وأعظم فهماً بطبيعته المقيمة في عمق النقاء، بها يتدارك أخطاءه وفيها يستدرك عطاءه، فيتشكل في سلوكه الانتماء، ويتمثل في مسلكه النماء.

بين الإنسان والمعرفة؛ تجاذب بين المعنى والسلوك، فالمعارف مضادات نفسية عجيبة، لمواجهة الصدمات ومجابهة الأزمات والنهل من التجارب، وتسهم في صناعة الشخصية النافعة والناجعة؛ والتي ترسم مشاهد السخاء الفكري والعطاء العلمي.. والدليل ما نراه من تواءم بين الرقي السلوكي والثقافة الإنسانية.

تجذب المعرفة الإنسان من ترهات الفارغين والجاهلين، ليملأ وقته بمتون الفائدة، ويجدد نشاطه بشؤون المنفعة، فتكتمل في ذهنه معاني التأثير، وتتعالى في شأنه مغانم الأثر، ليكون عضواً مستوطناً سجلات المؤثرين، مضيفاً إلى رصيد المجتمع رقماً إيجابياً يرجح كفة الفارق.

المعرفة غاية مثلى.. تسهم في رقي الإنسان وسمو الشخصية، وتهذيب التعامل وتنقية الأنفس وتصفية القلوب، وتغذية العقول وبهجة

الخواطر.. ولها مفعول عجيب في اتزان السلوك، وتوازن القول،
وتكامل الفعل، في كل المثيرات والاستجابات وجميع أنماط السلوك
وشتى المسالك.

دوائر الزمن ومصائر الإنسان

بين الإنسان والمصير؛ مسافات مجهولة، تبقى في حيز التخمين، واستيفاء معقول، يظل في متن التمكين؛ في دلالات ماضية، واستدلالات حاضرة، ودلائل مستقبلية.

تحيط بالنفس رياح التغيير، فتنجذب الذات إلى أرباح الثبات، فيأتي السلوك متأرجحاً بين كفتي التأثر والتأثير تارة، ومترنحاً بين دفتي الإقدام والإحجام تارات أخرى، فيهيمن العقل ويسمو القلب، وينجبر الخاطر، ليخرج الإنسان من حالة الشتات إلى مرحلة الإثبات بواقع التفكير ووقع التدبير.

تحل الأوجاع وتطل المواجع، فتختل الموازين وتنهار القوى، فتتربص دوائر السوء بالإنسان، وتتبلور مصائر التوجس في الزمان، فيطغى الضعف ويسيطر الألم، حينها يأتي الفكر منقذاً، والعقل منفذاً، للخروج من الأزمات، فتكون الشخصية بين قطبية حتمية، من الارتداد إلى عمق المشاكل، أو الرد نحو آفاق الحلول، وفي هذا الموقف تتجلى قوة الذات وسطوة الثبات، بين عواطف النفس وعواصف البؤس.

الظروف والعوائق والعراقيل والمواقف، خلطة بين فجائية قدرية وعشوائية نفسية، أو سوداوية ذاتية، أو فوضوية شخصية، يكون فيها البشر أطرافاً والظروف مسبباتٍ والصدمات حتميات، فيحضر الأنين في أصداء مختلفة، فيكون عميقاً داخل النفس أو رفيقاً مع الشكوى، أو صامتاً في الداخل، أو مدوياً حين التذكر، أو مقيماً وسط الروح، أو خارجاً حين الاستسلام.

بين الهزيمة والعزيمة، تدور مصائر البشر أمام مؤثرات الحياة.. فالنتيجة متفاوتة بين كفاح في مواجهة المصير، أو نجاح في مجابهة الظرف، أو إحباط أمام العائق، أو فشل وسط الابتلاء، أو صبر وقت الشدة، أو قنوط أثناء المحنة، أو صمت حين الصدمة، أو ضعف حيث النازلة، لتأتي النجاة منحة ربانية، لمن كانت ذاته قوية، أمام الفجائع، وعتية وسط الوقائع، تحت عنوان الإيمان وتفاصيل الأمان.

تأتي المتاعب في رداء عبرة، وتتوالى المصاعب في دواء اعتبار، فيعرف الإنسان من خلالهما؛ قيمته الأساسية، ومقاومته المحددة، تحت سقف قدرات بشرية، لا تتجاوز حدود عقله، ولا تتعدى مستوى قوته، فيظل في إطارات محددة، من معركة تحتمل اجتياز حواجز الآلام، وتجاوز عقبات الأحزان، أو السقوط في قعر القنوط والانحدار إلى أقبية الانحدار.

ينكص الإنسان دوماً إلى طفولته بحثا عن أمان ماض؛ متشبثاً باللوذ نحو مواقف الفرح في خطواته الأولى، ومواطن التفوق في مراحله الوسطى، باحثاً عن وقائع الصمود في دروبه المختلفة، متمنيا الاقتدار في غلبة النوائب، ومغالبة الشدائد.

تتجلى بصائر الحكم الإلهية في مصائر المهام البشرية، فيبقى الإنسان وسطها؛ إما معتبراً منتصراً وإما جائلاً غافلاً.. لتأتي دوائر الزمن في تعاقب بين انقضاء الماضي وقضاء الحاضر وانتظار المستقبل، لتكون الذاكرة شاهدة العمر وصامدة التذكر.

يلجأ الجهلاء لحيل الإسقاط، فيوجهون سهام الإحباط الذي يحيط بذواتهم جراء تفكيرهم القابع في منحدرات الجدل وانحدارات الجهل؛ إلى الآخرين، باحثين عن انتشار العدوى الفكرية، والتلوث العقلي، بين أسوياء يتخذون من الترفع والرقي حاجزاً منيعاً، يقيهم من سقطات الجاهلين وسوءات الفارغين.

يقتضي التعامل مع الأزمات الحياتية، تكيف الإنسان مع حجم الظرف، وتعايشه مع حدود الأزمة، بطريقة عقلانية، بعيداً عن التهويل من تداعيات الصدمة، والتأويل في تفاصيل الغمة، وصولاً إلى تقليل الضرر النفسي، وتحجيم الأذى الذاتي، ولا بد للواقعين في حيز الابتلاء، أن يحولوا تجارب الحياة إلى مآرب للنجاة، في ظل الاستفادة من المرحلة والإفادة من التجربة.

بين دوائر الزمن ومصائر الإنسان؛ ارتباط في النتائج والآثار، وترابط بين الأسباب والدواعي في إطار من الأقدار الغائبة والقدرة الحاضرة، في دروب الحياة واتجاهات العيش وأبعاد التعايش، ويبقى التفكر بإذعان والتدبر بإمعان في العقبات الحياتية والعواقب المصيرية؛ وجهان أصيلان للمواجهة نحو صناعة النصر، وصياغة الفوز بإدارة الذات وإدارة النفس بحكمة وحنكة وصفاء وعطاء ويقين.

أصداء الذاكرة

هذه الذاكرة المتيمة بالحنين والأنين معاً.. تنساب منها الومضات والإضاءات بتذكر متبوع بالتفكر والتدبر، وتحتم فيها الأزمات المكوث في شعور الوجل في ركن قصي من الاستذكار المشفوع بالحيرة والتساؤل.. وتتبارى فيها الأحداث بين رضا مفرح وندم مؤلم.. وتتعالى فيها الأوجاع الغائرة في عمق الروح، بصدى يزلزل صمت الاقتناع، وتتسامى فيها الفوائد السائرة في أفق البوح، بمدى يشكل صيت الإبداع.

وجوه الراحلين الساكنة في قلب الذاكرة والماكثة في قالب المجاهرة، تأبى إلا أن تقفز على أسوار الحضور رغم تبريرات النسيان، لتهزم كل احتياطات السلوان، ولكنها تظل في مجال تذكر مؤقت، لا تلبث غمته أن تنجلي، بمجرد الاستعانة بالعبر والتشبث بالصبر، في دعوة صادقة لهجتها ألسن تنتمي لأنفس وفية، واحتضنتها قلوب تقيم في أنفس نقية، أو حظوة موثقة تركها الراحل في متون الحسنى، أو شفاعة مؤجلة تبقى في شؤون الغيب.

الأماكن الأولى تعيد الطفولة إلى موطنها الأصلي، فتأتي المشاهد

البريئة لتهزم كل بوادر التصنع وجميع محاور الزيف، في مراحل العمر، ليرى الإنسان مشهداً قائماً بتشكيلته الطبيعية، بلا تدخل أو تخطيط، ليكون كالطود أمام موجات السنين.

يداهمنا الاستغراب ويسكننا الاندهاش، حين نرى تبدلاً في مسالك أناس تجردوا من معاني الوفاء، وتخلوا عن معالم الصفاء، في تضاد مؤلم بين التوقع والواقع، وارتداد أليم بين حسن الظن وسوء الفعل، فتملي علينا الذاكرة مشاهد متقلبة، تنظم مواعيدها على عتبات التفكر، فتتشكل خارطة التذكر بخطوط متعرجة غير مفهومة لحدود نضطر في النهاية إلى مسحها، لإبقاء المشهد أبيضَ بعيداً عن نكران معروف، أو تناسي تفضل.

تحشد العولمة كتائبها البائسة لتخفي عناوين الأماكن، التي ضاعت وغابت في إطار المحيطات الإسمنتية، والمصدات الحديدية، وكأنها تتمعن في تقييدنا وسط زنزانة من الاعتراف بالتحول الأليم، الذي يجعل ذاكرتنا في مد وجزر فكري، للبحث عن الغائب والانتظار أمام الغيب، في ظل استذكار مفرح لأزمنة كان فيها الإنسان يرسم الحياة بخطوط واضحة، بعيدة عن التكلف والتزلف، ويعلن فيها التعايش في إطار من الرغبة والرهبة، وسط مجتمع يحمل الوجوه الثابتة التي ظلت بقاياها طوق نجاة من تدخل سافر، لهجمات فوضوية لا تنتمي للرقي والأصالة.

في الجزء المشرق من الذاكرة، تأتي الصداقة في متون مشرقة وشؤون مبهجة في محطات العمر، التي يتراوح فيها هذا المفهوم،

بين العرفان الذي يتدرج في الوفاء والامتنان، والنكران الذي يلبس الجفاء والخذلان، فيكتنز العقل المواقف في اختزال متأرجح من البصمات والصدمات.

تمر على ذاكرة الإنسان يومياً عشرات الوجوه والأماكن والمواقف والتحديات، والنجاحات والسقطات والتجارب والمشارب، في توليفة مذهلة من التنوع وتشكيلة متباينة من الاختلاف.. فيأتي السلوك من واقع الاستذكار، في رجوع إلى الاقتداء وتراجع عن الأخطاء، فتتشكل الشخصية في ملامح جديدة، تتعامد على الحقائق والوقائع.. وسط ارتداد نحو الفائدة، واستناد إلى المنفعة.

الذاكرة المشفوعة بالحنين إلى مربعات العمر الأولى، تمثل دهراً للثبات، وتمر السنون لتتحول ثمناً للإثبات، في يقين يكبر مع الإنسان، يرسم معاني الاعتبار من تجارب الحياة، والانتظار على بوابات الآمال.

يظل الإنسان في تفاعل مع المؤثرات بكل تفاصيلها، واستقبال للتأثيرات بشتى معانيها، فتختزن الذاكرة الكثير من الأحداث، والعديد من الأحاديث، وتبقى في شد وجذب مع الجديد في العيش والمتجدد في التعايش، فتتشكل النتائج على النفس في هيئات مختلفة، وأشكال متباينة، من حيث التأثر بالألم، والحزن للفاجعة، والسرور بالبهجة والانصهار في الانشراح، لتستمد المشاعر الإنسانية من خزائن التذكر، خطط الحياة ومدد النجاة، وصولاً إلى توافق بين رصيد مكتنظ بالخبرة الحياتية، وحاضر ممتلئ بالتوجس المشروط، وانتظار مستقبل مرتهن لدى غيبية القدر.

الإنسان في سباق مع الزمن، وتسابق مع العمر، وفي نهاية المطاف، ستمتلئ الذاكرة بالعديد من الشؤون والشجون والشعور والمشاعر، وستظل منبعاً للسلوك ونبعاً للإمضاءات، التي تظل شاهدة بعد الرحيل وصامدة أمام التأويل.

أصول الثقافة وفصول السعادة

ما إن يتردد في الآذان مفهوم الثقافة، حتى نشعر بأننا في نشوة إبداعية ونستشعر وجود صوت يدفعنا من داخلنا للفرح، ومن كان خارج هذا الشعور، فليجرب أن يحاكي ذلك من باب الاستشعار الداخلي، ليشعر بالبهجة، التي تنساب إلى ينابيع الذات.

عندما تتحول الثقافة في القاموس البشري والبرنامج الحياتي؛ لتكون أسلوب حياة وسلوك تعايش وأصل تعامل، فإنها تدفع المرتبط بها والمنتمي إليها، للبحث عن التفاصيل الصغيرة، ليحولها إلى دوائر إبداع، ومصائر إمتاع، من خلال القبض على كل جمال في الكلم أو كمال في الأسلوب، أو تأنق في اللفظ، ليضيفه إلى الرصيد العقلي، ويملأ به الذاكرة، ليكون مرجعاً للانتعاش الأدبي، بمكنون الكلمة ومضمون العبارة ومتون الحديث.

ثمة ارتباط بين الثقافة والسعادة، وتدل على ذلك حياة المثقفين؛ الذين حولوا تجارب الحياة إلى مآرب للنجاة، من سوء المواقف وويلات المحطات، مع استثمارهم لكل الاتجاهات الماثلة أمام العين والماكثة حول النظر، والمقيمة في العيش، إلى إنتاج يستقي منه الآخرون المعاني الجميلة، التي تشبع الأرواح بمضامين التفكر.

للثقافة أصول تعتمد على احترام الأدب، وتقدير المنتج، وتسطير المعنى، وتُبنى على صفات تصقل نفس المثقف، فترفع لديه سمات الرقي الإنساني، لتمنحه وسام السمو الأخلاقي؛ الأمر الذي يؤكد ذلك الارتباط الخفي، بين سلوك المثقف الحقيقي، في التعامل مع الآخر، وفي التكامل مع الغير، لنرى الأدباء أكثر حظاً في السعادة، التي تصنعها أقلامهم، وتستنتجها ذواتهم، التي تصنع لهم العيش الآمن، حتى وإن تحول الأمر إلى عزلة محمودة، أو وحدة ملهِمة. وإن كان هنالك تعايش فإننا سنرى رضا الذات وقناعة النفس، وسمو الخلق، في مشاهد علنية، ترتقي عناوينَ في تعاملاتهم وحياتهم؛ حتى وإن شابها الكثير من العوائق، وأصابها العديد من المتاعب.

القراءة والكتابة وجهان أصيلان للثقافة، وبهما تتغذى العقول وتشبع الأرواح، وفيهما تتسامى قيم المعرفة.. ومن ارتبط بهما نراه محظوظاً بإدمان تصنعه المعارف، التي تجعله ثاوياً في قعر البحث، وماكثا في بحر التحليل، ومقيماً في محيط النقاش.

تلعب الثقافة دورا محورياً في تطوير العقل، واتساع المدارك وتنمية الأفكار، لتوجهها من منصات الدوافع بالانطلاق على صهوة التساؤل، لتصل إلى المبتغى العلمي والرصيد المعرفي، الذي يسوق المثقف لمواصلة رحلة لا تنتهي من الركض في ميدان الأدب، بحثاً عن ضالة التعلم، ليكون أكثر شوقاً للبحث عن الجديد وأعظم شغفاً بالتنقيب عن المفيد، في رحلة سرها اليقين وجهرها الحنين للاتجاه إلى مرافئ الاستطلاع، والمضي نحو مراسي الإبداع.

تمنح الثقافة مفاتيح الكفاءة لحل ألغاز الروتين؛ القائم ببؤس، في

حياة البشر، وفك رموز الأنين الماكث باعتياد في ساعات العمر، لتنقل الإنسان من ثبات يدفع أحيانا لخطوات إلى الوراء؛ إلى التحرك العاجل، لحل قيود التكرار، والسير نحو مسارات الاقتدار، في تفاعل مع الأدب، يجعل الشخصية البشرية، في حراك مع التطور الذي يضمن لنا إبداعات جديدة، وإضاءات عميقة في عالم الإنتاج.

يبحث الكثير عن سعادة منتظرة في مؤجلات تقيد النفس في دوائر التوقع، وتزهق الذات في مصائر التكهن، فتأتي الثقافة بشرى جلية في سماء الواقع، معلنة الذود أمام هجمات الإحباط، والدفاع أمام موجات اليأس، فترمم جدران الوجدان وتزيل عوائق الاطمئنان، لتسمو بالتفكر وتعلو بالتدبر، وتملأ وقت الإنسان بالمنافع التي تجعل كفة الفوائد راجحة في عيش اللحظة، والتفاعل مع الحقيقة، والتنعم بالموجود، بعيدا عن منتظر في غيب الوجود.

تصنع الثقافة السعادة على طريقتها، من خلال التمرد على كل سلبيات الجهل، والتجرد من كل مؤشرات الفشل، ليكون الإنسان أكثر قدرة على التكيف مع الوقائع، وأشد جرأة في التغلب على الفجائع، وليكون قادرا على صناعة التغير من خلال ملء العقل بالابتكار.. وإشباع القلب بالانتصار.. ليتشكل لديه إصرارٌ نحو إثبات نفسه في مضمار النجاح.

للثقافة أصول تصنع فصول السعادة، والحصيف من كان منتمياً إلى كيانها محتمياً تحت لوائها، شغوفاً بكل ما يهذب النفس، ويثقف الذات، ويطور العقل ويوقظ الفكر ويجذب التفوق، ويحقق التميز في أبعاد التطور الفكري والنماء المعرفي، لصياغة حاضر سديد وصناعة مستقبل مجيد.

الهوية والحرية وأشياء أخرى..

الهوية؛ ذلك الاسم الجامع لملامح الانتماء؛ يمنحنا التعريف ويعطينا التوصيف في محطات الحياة، به ننتمي للوطن، وفيه نعود للأصل، ومنه نسمو للرقي.

تأتي الهوية الوطنية كانتماء أمثل، ننهل منه الحقوق ويستوجب منا الواجبات. وبوصفنا سعوديين؛ نفاخر العالم ونباهي القارات بهويتنا المتجذرة في عمق الأصالة، والمنحدرة من متن التاريخ، في وطن عامر باللحمة غامر بالتلاحم.. نعيش فيه تحت ظلال الأمن والأمان، وننعم وسطه بظل العز والفخر.. تحت راية التوحيد العظيم وخلف لواء القيادة الرشيدة، في منظومة تعكس ملاحم العطاء القيادي، ومطامح الوفاء الشعبي.. ووسط دروس نموذجية تجعل السعودية المثال المستديم في مناهج الاقتداء.

تبقى هوية الإنسان بكل اتجاهاتها منذ ولادته ثم نشأته ثم معيشته؛ إلى مماته؛ سيرة حياتية توازي تلك الذاتية التي نتباهى بها، فلولا الأولى لما كتبت الثانية، التي يعود منها المخلوق إلى سيرته الأولى، وإلى تلك التفاصيل التي شكلت الشخصية، والمعاني التي صنعت الأمنية.

الهوية أن نتمسك بالأصول والالتزام.. وأن لا نستعير التغير أو التطور، لطمس ملامح النشأة، وتبديد طموح التنشئة، فانتماؤنا لِمحطّات العمر ومنصات التربية ومنطلقات الأسرة، هو الرداء الأصيل الذي نلبسه ويميزنا عن غيرنا، ويعيدنا إلى البدايات التي حددت لنا مسار الثبات وأبقتنا في اختبار الإثبات، أمام تميز الأصيل عن الساذج.

نشأنا في قرى تتجلل برداء العفوية والبراءة والبساطة، ما جعلنا في امتحان عرفان لتلك العطايا الأولى، وتمر محطات العمر لتبرهن أصالتنا على الانتماء لدوائر الطبائع، التي ظلت خلطة سرية لإسقاط المتغيرات المؤدلجة، التي تهدد نسيجنا الاجتماعي، فبقينا -وإن صفقت لنا المنصات وشهدت لنا الأمسيات- متشبثين بظلال النشأة الأولى، لنعلن للملأ أننا بدأنا قرويين، وتعلمنا من عمق المصاعب وتجاوزنا الصعاب.. وولينا همتنا شطر المدن، التي زادت ارتباطنا بالأصل الأول والمنطلق الأمثل، وجعلتنا نوازن بين طلائع التحضر، وطبائع النشوء وفجائع السقوط.

وفي المدن تعمقنا في تأصيل الهوية، وارتباطها مع خطوط الزمن وحظوظ الأماكن، ليبقى العنوان أننا منتمون جميعاً إلى سلالات بشرية، بدأت من الأطراف واستوطنت في المنتصف والجوانب، وكتبت ملاحمها من الصحراء والحقول والجبال والسهول، لتهيئ الأجيال للتعايش الحتمي مع تطورات الحياة، التي تعد امتداداً أصيلاً، ومدّاً تاريخياً لا بد فيه من الرجوع إلى أجداد أفذاذ وآباء نبلاء، كانوا يورثون لنا الهويات بإرث يلتزم بالحد الثابت من الانتماء للقبيلة والعشيرة والقوم، ويتكامل مع هوية موحدة تضع الجميع تحت

مسلمات العدل وقرارات المساواة، في وطن يحتضن الجميع ويشكل عنوان للهوية، التي تمثل تأشيرة لصناعة كل الآمال والأمنيات.

تتصادم الهوية مع الحرية، في مواجهة حتمية، ينجو منها الحصيف ويسقط فيها السفيه، في ظل ضرورة واضطرار للسفر والترحال والتنقل بين أماكن وشعوب، والانتقال وسط عادات وتقاليد، والمكوث تحت وطأة موجات من الحضارة؛ باتجاهيها: المبتكر والزائف.. فنرى عصيان الجاهل وانجرافه مع موجة تبدل هويته وتبدد معالمه، ويصمد العاقل، ويتمكن من الاتزان بين هوية بلده ومعالم نشأته ومغانم تربيته، والاستزادة من زاد التحضر؛ الذي ينمي ذاته، دون أن يذوب أو يتنكر لشخصيته الأصلية الأصيلة.

الانسلاخ من الأصول والطبائع والأسس الأولى؛ التي انطلق منها الإنسان يمثل تمرداً على المنطق، وتجرداً من الإرث الناصع والانتماء البارز، فالحياة مليئة بالتجارب الكفيلة بمعرفة تداعيات القفز على أسوار العرف؛ زاخرة بالمشارب المتكفلة بإيضاح تجليات المكوث في اعتبار الحذر.

هناك شعوب تقتبس الخبرات من أخرى، وتلتمس منها المنجزات، وتبقى هنالك فروق في الكسب والاكتساب والمحاكاة والتباهي، فليس كل ما يُرى ويلمع في شعب آخر؛ مناسباً بالضرورة لشعب يختلف معه في القيم والفضائل والطبيعة. الجميع بشر ولكن الاختلاف يتجلى وفق أعمدة الدين ووسط صروح العقيدة وأمام قيم التربية، وخصائص الذات.

الهوية والحرية تتقاطعان في سلوك الأفراد والمجتمعات.. الأولى حتمية ضرورية للعيش والثانية استجابة اضطرارية للتعايش، وما

بين الاثنتين؛ منطلقات موجّهة؛ وفيهما تتشكل دوائر البصائر، ومنهما تتكامل مدارات المصائر، في مسالك ترسمها الأنفس بخطوط خضراء، على صفحة بيضاء من السلامة، فيتجلى نجاح التكامل والتماثل مع أهمية الحذر والتوخي في رسم معالم الاقتباس، وحدود الالتباس، وضرورة الاستئناس وقوفاً؛ عند مشارف الخطوط الحمراء، التي تخزن شبهة الأخطاء، والخطوط السوداء، التي تشوه معالم الذات ونقاء الفطرة.

الفيروسات النفسية؛ والسلوك المنسي..

الفيروس جسم غريب، يقتحم أجهزة الإنسان وتظهر أعراضه وتعرف أغراضه، ويحتاط الكل للوقاية والتخلص منه.. وتأتي الثقافة الذاتية والتوعية الصحية على رأس الاهتمام في محيط البشر، والدليل ما فعله فيروس كورونا؛ الذي وحد العالم على خط دفاع واحد وهمّ مشترك.

قد لا يلتفت الإنسان إلى أن هنالك فيروسات لا ترى بالعين المجردة، ولا من خلال الأجهزة الطبية، ولا تظهر في التحاليل، ولكنها تبقى مكتشفة في التشخيص، وفي الأعراض والنتائج، وهي لا تقل خطراً عن تلك الفيروسات، التي تهاجم الأجهزة الحيوية في الجسد.. إنها الفيروسات النفسية، التي تهاجم الجهاز النفسي وتتربص بالعقول والأفئدة، وتنصب شراك السوء في محيطات السلوك الإنساني.. وتُسبب متاعب عدة ومصاعب متوالدة.

تتخذ الفيروسات النفسية من العقل الباطن مكاناً قصياً، لتشكيل شخصية الإنسان وبلورة سلوك الفرد، ثم تهاجم العقل البشري في هيئة تصرفات أو مواقف أو ردات فعل، وتنتقل عبر العدوى السلوكية، التي تجعل الإنسان تحت وطأة التفكير في الموقف والتصرف والانعكاس

المستقبلي لذلك، وقد تتشكل لديه أعراض متعددة بسبب عواصف القلق والتوتر؛ الأمر الذي يجعله عرضة للاكتئاب المبدئي والذي قد يتطور إلى المتوسط، ثم الحاد.. كل ذلك بسبب فيروس نفسي، غير مرئي، لم يلق له الشخص بالاً؛ احتل طمأنينته واقتحم سكينته ورماه في غيابات التعب.

ينطلق الفيروس النفسي من خلال موقف معين أو مشكلة واقعة، أو حادثة مؤلمة أو سلوك مضاد؛ تعرض له الإنسان، الأمر الذي يجعله عرضة لهذا المؤثر الذي قد تتكون على ضوئه مؤثرات أخرى؛ تتحد لتجهيز كتيبة من الفيروسات المتشكلة داخل العقل، وفي القلب، لبسط نفوذها على مساحات الأمان النفسي، مما يتسبب في اختلال الشخصية، وضياع الوقت، وتبديد الراحة، وسيطرة التوجس؛ التي تعد أعراضاً حتميةً لهذا الفيروس المجهول، الذي يواجه البشر في حملة داخلية شرسة، تجتاز أسوار النفس وتزعزع أعماق الروح وتزلزل أركان الذات.

تتجاهل الأسر سلوك الأبناء في خضم مشاغل الحياة، وقد يتحول هذا السلوك الموغل في دوائر النسيان الأسري، إلى عادة مستديمة للابن أو الابنة، وقد يتطور فتأتي على خلفيته انعكاسات سلبية، ثم يصدر سلوك لاحق في محيط الأسرة، يتجلى في هيئة أعراض ظاهرة وواضحة على طريقة العيش والتعايش، فيستمر التجاهل حتى يتحول الشخص الذي احتله الفيروس النفسي، إلى مريض يبدأ أولى خطواته بالوحدة والعزلة واللجوء إلى مسالك أشد خطراً لا سمح الله تعالى.. ويحدث كل ذلك والآباء والأمهات في غفلة مخجلة، تجعل الأمراض النفسية، تحتل قعر الأسرة، وترمي بظلالها السلبية على مستقبلها.

تتشكل العدوى السلوكية؛ كنتيجة واقعة لوجود هذه الفيروسات

النفسية، التي يصنعها سلوك البشر وأقوالهم وأفعالهم ومواقفهم، فتأتي في هيئة إساءة أو ظلم أو تعدٍّ أو تجنٍّ، أو نكران أو خذلان أو لؤم أو احتيال، أو غير ذلك، ويمثل كل واحد منها فيروساً خطيراً، يهاجم جهاز المناعة الذاتي، وإذا لم يستعد له الإنسان وكان جاهلاً بالتعامل معه ووقع ضحيته، دون الالتفات لمساوئ وسلبيات وتداعيات هجماته، فإنه سيكون عرضة للنتائج المتعبة أو السلوك المضادّ، وكلاهما مؤلم، مما سيدفعه حتما لأن يقع فريسة الأعراض المختلفة، التي تجعله في مغبة الاعتلال النفسي، والاختلال السلوكي.

الكون في تسارع والتحديات في مدى يصل إلى كل الاتجاهات، وصدى يتجاوز كل التوقعات.. لذا فإنه لا بد من الاحتياطات والاستعدادات لمواكبة موجات التغير ومجابهة واجهات التغيير.. على كل الأسر أن تضع غرفة عمليات أسرية لدراسة شؤون أفرادها، ومتابعة شجون أعضائها، فالبعض يعايش أزمات خفية، وآخرون يعايشون صعوبات مخفية، وهنالك من يختزن الكبت، ومن يحتال بالصمت.. الكل مسؤول، في ظل تباعد مضلل بين الآباء والأمهات والأبناء، وابتعاد يتسلل لصناعة الفجوات التي تزيد من هوة الحاجة وفراغ التصور، في ظل تحول المنازل إلى مواقع إيواء، بعيدا عن هدفها الأساسي؛ في أن تكون منابع احتواء وظلال توجيه ودفء.

الأمراض النفسية في تزايد، وباتت تتربص بالكل في ظل موجة جارفة من التخاذل، والوقاية مطلب أول.. والثقافة مسار أمثل، لتأسيس الخطط الشخصية من أجل رفع مستويات المناعة النفسية، ومواجهة العدوى السلوكية، والوصول إلى أعلى درجات الأمن النفسي والأمان الاجتماعي.

الإنسان بين التقييم والتعتيم

منذ تلك الأيام الأولى، التي كنا نتنازع فيها على المراكز الأولى في المدارس، ونحن قائمون في دوائر التقييم؛ ناقمون على مصائر التعتيم؛ كبرنا وكبر معنا ذلك الانتظار أمام بوابات القرار وأصحاب الصلاحية ومالكي التوقيع.. ننتظر تقييمنا بإتقان في ظل توجس محفوف بالسخط، من ظلم مبرمج مسبقاً، أو سوء تقدير متوقع لاحقاً.. وننظر إلى تلك الأرقام والعبارات والقرارات التي نقبلها أو نتقبلها أو نرفضها؛ وفق رضا، أوجدته عواقب العرفان، وغضب فرضته عقبات النكران.

التقييم مفهوم مرتبط بحياة الإنسان، ابتداءً من تقييمه لذاته، الذي قد يخضع لمؤشرات التحيز، في حالة العزة بالنفس، وغرور الأنا.. وقد يؤول إلى حتميات الحق، وضروريات الحقائق، في مستوى يقين الصدق وإحكام لعدل.

يتعلق التقييم بقرارات محورية، ويرتبط باستيفاء مهني، تجعل الإنسان على موعد مع تكليف أو تعيين أو ثواب أو عقاب، أو مسؤولية في اتجاهات الحياة المختلفة؛ سواء على المستوى الشخصي أو العملي.

التقييم إلهام شخصي، يعيد حسابات الإنسان، ويرتب مسافات السلوك، ويوظف احتياطات النجاة، ويحقق معادلات السواء، ويشكل اتجاهات المصير.. لذا فإنه خط فاصل بين الصواب والخطأ، وخطوة ثابتة بين انطلاق سابق ووفاق لاحق، ليشكل أداة تحدد بوصلة النفس للاتجاه إلى مدارات المستقبل ومسارات الغد.

الأعمال والإنتاج والمسالك خاضعة للتقييم، الذي يشكل هوية النتائج وماهية الآراء، في مسائل العمل ووسائل التنافس، في منظومة مستديمة، تجعل الإنسان في تعايش مع قيمة عمله، ونتيجة فعله، في شؤون الحياة ومتون المهمات.

التقييم أمانة تقتضي الإخلاص والشفافية، في سبيل تحقيق أعلى درجات الاتزان بين المنتج والنتيجة، في تأييد للحيادية وتحييد للذاتية، من أجل وضع أسس الموضوعية وتوظيف أصول الحقائق بعيدا عن الاجتهادات الشخصية الانطباعية حول الإنتاج والنتائج.

تراجع التقييم كثيراً في جهات من الواقع، وحل التعتيم لينثر مظالم العتمة في مدارج الضياء، ويبث معالم الغمة في معارج العطاء، فغادر الضمير ساحة الإنسانية وحل التزوير في مساحة الأنانية، في ظل غياب الرقابة وحضور الرتابة.

عندما غاب التقييم العادل الشفاف، توارت معاني العدالة وطغت منحنيات المصالح، فتلاشت معالم الطرق المستقيمة الموصلة إلى نهاية المطاف المرتجى.. وبات الوصول مقترناً بالاحتيال ومقرونا بالخداع، وبرزت التعرجات خارطة متاحة في أيدي المتلونين، تُترجَم سلوكاً.. وباتت الأهداف في منأى عن الوضوح، وتغيب عن الحقيقة.

التقييم مهمة تقتضي الوفاء بأهدافها وتحتم استيفاء شروطها، مع ضرورة أن يكون المقيم ذو قامة مهنية وصاحب قيمة شخصية، وعليه أن يخرج من عباءة الذاتية، وأن يتقيد بكفاءة المهنية، وأن يكون صاحب هوية فكرية، ترفض الأهواء الخاصة، حتى نرى القيم واضحة، والهمم جلية، لكي يحل الأنصاف رقماً ثابتاً في موازين الرأي ويهزم الإجحاف ليبقى عدداً هامشياً في مضامين الرؤية.

التقييم قيمة معرفية، تؤصل الحقوق وتنزع الأباطيل وتفرض الدلائل وتؤيد البراهين، من أجل وضع البشر في مواقعهم، وتفصيل النجاح على أدوارهم، وتحديد الكفاح وفق اقتدار الأشخاص، لضمان جودة الأداء، ووقف كل السلبيات، التي تأتي لتكون ابتلاءً حقيقياً، ليتميز الثابت عن المتغير!

حلت لعنة التعتيم التي صادرت التقييم، فجاءت النتائج في قالب من التهور ومصير من التدهور، الذي طغت فيه عنجهية الذات وتوارت عنه منهجية الإثبات، فكانت الخيبة عنواناً بائساً للعديد من التفاصيل المخجلة، التي تواردت بفعل الميل إلى الهواية والنكوص نحو الرغبة؛ بعيداً عن حفظ حقوق الآخرين، والاعتراف بفضل الغير.

بين التقييم والتعتيم، مفارقات وفروق، تظهر فيها الأصول وتبقى وسطها الفصول، في حياة مستمرة وعيش دائم إلى حين، لتتوطد أركان اليقين، وتتلاشى أوهام التمويه، فتقوى العزائم في معسكرات الأمناء، وفي محافل الفضلاء، وتحل الهزائم في مرابع المخطئين وفي مهاجع المتجاوزين.

الإنسان وموازين العبادات والمعاملات

دخل شهر رمضان، موسم العبادة وزمان الروحانية، ومحفل السكينة واحتفال الطمأنينة.. قدم بخيراته ومسراته وابتهالاته التي تخرج النفس من دوائر العناء في الركض واللهاث خلف مهام الحياة، ووراء التزامات الدنيا ووطأة الظروف الحياتية، إلى مصائر الاعتناء في سلوك التعبد، وفي مسلك التهجد، وانتظار بشائر الأقدار الربانية.

في رمضان منهج موسمي، يعيد إلينا الاتزان الذي زعزعته شهور الاعتياد.. جاء لينفض عنا غبار الروتين، وينتزع منا غمة الأنين، ويعيدنا في رحلة مع الحنين السنوي إلى صباحات تعيد المسلم إلى سيرته الأولى، ومساءات تعرف العبد بمسيرته المثلى، فتتجلى فيها أدوات اليقين وتنجلي بها عوائق السنين.

لدينا أزمة أزلية واختلال بين الفكر الحقيقي والتفكر الواقعي، في موازين العبادات والمعاملات، فديننا منهجية متكاملة واعتبارية تكاملية، تضع العبد بين كفتين من الاختبار، ترصدان اتجاهات القلب وأبعاد العقل وأعماق الروح وآفاق النفس في صناعة الخير وصياغة النفع، من خلال عبادة تضمن الثبات وتعامل يتضمن الإثبات، لتكون الصحائف ناطقة بالأثر ومستنطقة بالتأثير.

في خضم حياة مليئة بالعوائق ومكتظة بالعراقيل، يكون الحلم والصفح والصفاء والوفاء لبناتٍ أساسية، ومكونات رئيسية، واتجاهات مثالية، لإقامة صروح الأخلاق التي تشكل المادة الخام، لكل أقوال الخير وشتى أفعال الإحسان في مضامين العبادات وميادين المعاملات.

يتقن العديد من البشر العبادات ويسمو في إتقانها إلى حيث الإجادة، ويتجاوز ذلك إلى الإفادة من تلك الروحانية التي تعمر قلبه وتغمر وجدانه، ولكنه يبقى في حيز الأداء دون التوظيف الفعلي في متون المعاملات، التي هي العنصر الآخر من ثنائية التكامل الديني بين العبادة والمعاملة.

عندما يعلو صوت الإنسان ويسمو نداء الضمير في داخل الشخصية المسلمة والهوية الإسلامية، فإن ذلك سينتج لنا توازن واجب واتزان مطلوب، بين العبادات والمعاملات، في منظومة عيش يشكل فيه الإسلام معنى للقيم، ويعكس جوهر الدين ويوظف نفائس التدين، فالأسس تنبع من الصفات، والأركان تؤسس من السمات التي تجعل المسلم أنموذجاً للرقي، في شتى أبعاد الحياة وكل اتجاهات الدنيا.

عندما يتصف الإنسان بحسن الخلق فإنه قد يصل بذلك إلى درجة الصائم والقائم.. وما بين الدرجتين؛ فروق في الجهد وتباين في البذل.. ولكن المعنى الحقيقي يكمن في علو مرتبة الأخلاق في الدين، وسموها في قلب المعاملات، واستقامتها في قالب التعاملات، في صفة توازي أجر العبادة وتحاذي ثواب الفريضة.

للتعايش بين الناس تداعيات وتجليات، تحكمها التربية والتنشئة والتعلم والخبرة والتجربة، وتتشكل في إطار ذلك دوائر من البصائر

والمصائر، بين عرفان ملهم ونكران مؤلم، وسط مواقف ينتصر فيها الاعتدال ويسقط فيها الابتذال، في ظل وقفات ترفع من رصيد الأوفياء وتشفع لواقع النبلاء، وتفرق بين متن المؤثرين وهامش الفارغين.

في التعامل تبرز الشخصية الفعلية للمسلم المعتدل القوي بعقيدته والوفي لسجيته وسط طبيعة بشرية، تتشبث بالفطرة المتعامدة على العفوية والهوية، وتتسلح بالوفرة المتصاعدة، نحو الإنسانية؛ البعيدة عن الأنانية، حتى تتشكل المعاملات من عمق الموضوعية، إلى أفق المنهجية، ليكون فيها الإنسان؛ إما صاعداً نحو قمة المآثر، وإما منحدراً إلى هاوية الأخطاء.

النسيان في عالم العرفان مصير محتوم.. ومنحنى مؤلم، يضيع فيه المعروف في مستوى بشري، وهو حيلة بائسة يلجأ إليها الناكرون، ولكن للأخلاق عبيراً، يتصاعد من أعماق السرائر، إلى آفاق البشائر، لتبقى تذكرة العبور السحرية للدخول إلى العوالم المنسية، لتشكل مدى للاعتراف وصدى للإنصاف، وتظل الواجهة المثلى للتعاملات التي تنبثق منها كل مؤشرات الأفعال الحسنة والوقائع الجميلة.

نتطلع إلى اتزان بين عباداتنا ومعاملاتنا، مع ضرورة اللوذ بخبيئة ترفع مخزون الأجور، ومحو كل ما يشوه واقع التعامل، لتتحد مناهج الشرع مع مباهج العيش، ولتتكامل عطايا الاستبصار مع هدايا البصيرة، من قلوب تحس بالغير وأفئدة تشعر بالآخرين، تحت ظلال الإحساس بالتآلف، والاستئناس بالمودة، والمضي قدما عبر دروب الحياة بهويات نافعة، وهيئات شافعة، يكون فيها الإنسان شاهداً على الحقائق وصامداً أمام العوائق.

الثقافة والإنسانية بين الوفاء والاستيفاء

بين الثقافة والإنسانية، ترابط وتوائم، يعكس النسبة والتناسب بين المفهومين اللذين يشكلان دهرين من النماء، أحدهما للثبات والآخر للتحول، ويبقيان في دائرة التواصل والإلهام والتطور، من عمق الوجود إلى أفق الصمود، في منظومة تكاملية تستند على أساسيات من الشعور وأصول من المعاني.

في ميادين الشعر كان الإنسان محوراً أول للثقافة الشعورية بحس الآخرين، وإحساس الغير، من خلال رصد المعاناة، أو صد المتاعب، في نظم أبيات وقصائد ونصوص حضرت لتكون العزاء، في حضرة الغياب والعطاء رغم غلبة الألم، فكانت الإنسانية منبعاً جادت به منصات الأدب، ونطقت به دفات الكتب، وشهدت له صفحات التاريخ.

خلال القرن الماضي؛ في أوروبا ووسط عوالمها المشبعة بالتسلط والسلطوية والفوضوية، جاءت الروايات الذائبة من جليد التشرد، وصقيع التجرد، كانتصار حقيقي لأولئك المشردين والمكلومين والتائهين، فحضرت عناوينها وتفاصيلها لتؤكد أن للنجاة فصولاً أخرى، خارج سلطة الرقيب، وأن للانتصار ثغراتٍ سريةً، بعيداً

عن رقابة السلطة، فكان الروائيون والروائيات حماة إنسانية، بسيوف الأقلام، وسفراء حق بحروف العدل.

انطلقت الثقافة في حضورها الزاهي بالعون، لتلبس جلباباً فضفاضاً من الإنسانية، ارتدى اليقين، فكان الإنسان عنواناً لكل تفاصيل الشعر والقصة والرواية والخاطرة، وتماثلت آلام المعذبين وأحزان المتعبين صروحاً جذبت بوصلة الأدب إلى حيث مساحاتها الممتلئة بالأنين والمكتظة بالحنين، وتمثلت في وسائل جذب أمام فكر الأدباء وغايات إنتاج حول بصر المبدعين.

بين الثقافة والإنسانية جسور من التكامل، تحت مظلة القيم، فالإنسان كائن يميل إلى حب الاستطلاع، والأدب منهج يرتكن إلى عشق الإبداع، فتوازنت المعادلة في فرضيات مهمة، وتوازنت وسط افتراضات ملهمة، تنشد البحث عن عناصر جديدة وبشائر مديدة، في مدارات تنتظر العزف على أوتار التقييم، للوصول إلى ناتج صحيح، يقبل القسمة على منتج صائب.

تتناغم الثقافة مع الإنسانية، في صور المعاناة، وفي تصور المحاكاة، من خلال المشاهد البصرية، التي تنقل الصورة المرتبطة بالحقيقة، فيستجد الأدب عبر الكتابة في نص ملهم أو خاطرة ناطقة أو قصة عابرة أو رواية حاضرة، ليكون المنتج الأدبي السلوان المشفوع بالاطمئنان، لرصد جانب خفي عن الإنسان، رسمته تداعيات الحياة أو استدعاءات النجاة.

في سجلات الأدب يرتقي الإنسان من وجوده كضحية في المفهوم البشري العام ليشكل الشخصية الرئيسية، أو بطل المنتج، وعليه فإن

هنالك تكريماً يعكس احترام الإنسانية بوقع الانتماء وواقع الانتساب لهذه الدائرة من الكينونة؛ المرتبطة بالثقافة كمفهوم معرفي؛ والشخص كعنصر متاح، لتظهر الحتمية المذهلة لاندماج الهواية مع الهوية.

عندما تذكر الإنسانية كمعنى له قيمته الكبرى في أبعاد المسؤولية واتجاهات التعريف؛ فإن وجود الثقافة مطلب ملح وضرورة، لتحليل المفهوم في عناوين محددة، وتفاصيل متجددة، ينعكس على ضوئها التماثل الوجداني بين معطيات المفاهيم ومؤشرات النتائج.

حينما تطل الإنسانية ككيان من المعاني؛ تندرج في ثناياها عشرات التفاصيل المتعمقة في جذور الأصالة؛ التي تشكل رديفاً لكل فعل يرتبط بالإنسان الخالي من التغيرات؛ المقيم في قالب العفوية بعيداً عن مصالحَ صنعتْها الأنانية، وغيرت بها مسار الثبات، لتحل لعنة التغير والتبدل والتشتت والتأرجح، لتهب رياح الشوائب فتشوه الوجه الحقيقي لهذا المفهوم.

الثقافة والإنسانية، يختزلان وفاءً متبادلاً، يقتضي توظيف المهارات والمواهب والخبرات في سبيل إنصاف الإنسان، ومنحه بشائر الاستيفاء الكامل لشتى معاني الإحساس، في كل التجارب التي تشكل المادة الخام لصناعة أدب راقٍ وسامٍ، يرسم الخارطة الذهنية المعرفية، من بصائر الذات إلى مصائر الإثبات.

خاتمة

نسير في دروب الحياة بين اتجاهات ومواجهات، تمضي بنا إلى وجهات تحددها مسارات القدر، فنظل بين اختيار وانتظار، ونبقى في ظلال عزائم وهزائم، تأخذنا نحو مرافئ الأمان أو تيارات الخذلان، فلا نعلم ماذا نكسب غداً؟ ولا ندري بأي أرض نموت..؟

نرسم أمنياتنا حيناً من الدهر، ونعلن انتصاراتنا في فصل من الزمن، ونعيد حساباتنا في وقت من الدنيا، فتتعالى في أرواحنا أصداء الماضي، وتتراكم في أنفسنا مصائر الحاضر، ويتردد في عقولنا توجس المستقبل.

يقف الإنسان بعد كل مرحلة عمرية متأملاً ملامح الوجوه؛ متصفحا تداعيات الذكريات؛ متوسداً واقعاً إجبارياً ناكصاً إلى ماض اختياري.. ليبقى في دائرة من التفكر والتقدير، في تفاصيل حياة، واستنتاجات عمر.

النشأة والطفولة والدراسة ومحيط الأسرة، وسلة الذاكرة وحلة التفوق وسقطات الفشل وومضات النجاح، وتجارب المرارة ومشارب الشطارة، وقعر الأحزان ومرافئ الأمان، وويلات الصدمات ومساعي

الفلاح، ونتائج الذكر... كلها أدوات تعمر العقل وتغمر القلب، فيبقى الإنسان بين فكر وذكر، في شاشة لا تتوقف إشاراتها إلا بالرحيل.

كتابي بصائر ومصائر؛ اختصار لعناوين متعددة في الحياة، وانتصار لمضامين متمددة في العمر.. يبقى الإنسان فيها سر البصيرة وجهر السيرة وجوهر المسيرة.